Vom Licht zur Leere.

Wie der Westen seine Wahrheit verlor.

Verlag:

BoD · Books on Demand GmbH,

In de Tarpen 42, 22848 Norderstedt,

bod@bod.de

Druck:

Libri Plureos GmbH, Friedensallee 273,

22763 Hamburg

ISBN: 978-3-7693-5460-7

Inhalt

Einleitung: Die Frage der Freiheit

„Am meisten versklavt sind diejenigen, die sich einbilden, frei zu sein."

Goethes Worte mögen auf den ersten Blick provokant erscheinen, doch sie treffen den Kern eines Problems, das die westliche Welt seit Jahrhunderten durchzieht: die Illusion der Freiheit. Wir leben in einer Zeit, in der Freiheit als höchster Wert gefeiert wird – als das Versprechen, alles erreichen zu können, alles zu hinterfragen und jede Entscheidung nach eigenem Belieben zu treffen. Doch was, wenn diese Freiheit nicht echt ist? Was, wenn sie in Wahrheit ein Trugbild ist, eine geschickte Illusion, die uns von der Wirklichkeit trennt?

Viele Menschen sehen sich selbst als unabhängig, als freie Denker, die sich von nichts und niemandem einschränken lassen. Sie glauben, die Welt so zu erleben, wie sie wirklich ist. Doch wie sicher können wir uns sein, dass unsere Wahrnehmung tatsächlich ungetrübt ist? Ist es möglich, dass wir – ohne es zu merken – in einem unsichtbaren

Gefängnis leben, das unsere Gedanken und Überzeugungen lenkt? Und falls ja, wie sind wir dorthin geraten?

Dieses Buch unternimmt den Versuch, diese Fragen zu beantworten. Es geht der Spur eines Prozesses nach, der weit in die Vergangenheit zurückreicht und uns bis in die Gegenwart führt. Ein Prozess, der mit der scheinbaren Befreiung des Menschen begann, tatsächlich aber in ein Netz aus Illusionen und Trugbildern mündete. Diese Entwicklung begann mit dem Rationalismus, einer Denkweise, die auf der menschlichen Vernunft basiert, sich jedoch im Laufe der Zeit von der Wirklichkeit und der Wahrheit abgekoppelt hat. Aus dem Rationalismus folgte der Relativismus, aus dem Relativismus der Subjektivismus, und schließlich landeten wir im Nihilismus – einem Zustand der völligen Orientierungslosigkeit, in dem jede Bedeutung und jedes Ziel verloren gegangen sind.

Doch bevor wir uns mit den Details dieser Entwicklung beschäftigen, müssen wir uns einer grundlegenden Wahrheit stellen: Die meisten Menschen erkennen nicht, dass sie in einem Gedankengefängnis leben. Sie sehen die Mauern nicht, weil sie unsichtbar sind. Sie bemerken die Fesseln nicht, weil diese Fesseln in ihrem Denken verankert sind. Und gerade, weil sie sich frei fühlen, hinterfragen sie ihre eigene Wahrnehmung nicht. Doch genau hier beginnt die Reise, die dieses Buch unternimmt.

Wir werden untersuchen, wie dieses unsichtbare Gefängnis entstanden ist, welche Kräfte es geschaffen und aufrechterhalten haben, und warum es so schwer ist, ihm zu entkommen. Wir werden uns mit der Geschichte der westlichen Welt auseinandersetzen, von der mittelalterlichen Ordnung über die Renaissance bis hin zur Französischen Revolution und den Ideologien des 20. und 21. Jahrhunderts. Dabei werden wir erkennen, dass die Probleme unserer Zeit nicht neu sind, sondern das Ergebnis einer langen Entwicklung, die tief in unseren kulturellen und philosophischen Wurzeln verankert ist.

Am Ende steht die Frage: Gibt es einen Ausweg? Können wir die Mauern des Gedankengefängnisses einreißen und zur Wahrheit zurückkehren? Oder ist die Menschheit dazu verdammt, den Weg in die völlige Orientierungslosigkeit weiterzugehen?

Die Antwort darauf liegt nicht nur in der Vergangenheit, sondern auch in der Bereitschaft jedes Einzelnen, die eigene Wahrnehmung zu hinterfragen und sich auf die Suche nach einer höheren Wahrheit zu begeben. Denn nur, wer erkennt, dass er gefangen ist, kann beginnen, nach Freiheit zu streben.

Kapitel 1: Die Welt vor dem Rationalismus

1. Die mittelalterliche Ordnung

Das europäische Mittelalter war geprägt von einer Weltanschauung, die fest in einer transzendenten Ordnung verwurzelt war. Im Zentrum dieses Weltbildes stand der Glaube an eine göttliche Hierarchie, die alles Sein durchdrang und jedem Aspekt des Lebens seinen Platz zuwies. Das Leben des Einzelnen war eingebettet in ein kosmisches Gefüge, in dem die geistige und die materielle Welt eng miteinander verbunden waren.

Die Gesellschaft war streng hierarchisch organisiert. An der Spitze stand Gott als der Ursprung und Lenker aller Dinge. Unter ihm folgten die geistlichen und weltlichen Herrscher, die als Vermittler zwischen der göttlichen und der irdischen Sphäre fungierten. Der König oder Kaiser regierte „von Gottes Gnaden", während der Papst und die Kirche die spirituelle Führung innehatten. Dieses duale Machtgefüge war Ausdruck einer tiefen Überzeugung: Die irdische Ordnung sollte die himmlische Ordnung widerspiegeln.

Auch die soziale Struktur war klar definiert. Die Gesellschaft gliederte sich in drei Stände: den Klerus, der für das Seelenheil verantwortlich war; den Adel, der für Schutz und Ordnung sorgte; und die Bauern, die die materielle Grundlage des Lebens sicherten. Jeder Stand hatte eine bestimmte Funktion, und diese Rollen wurden als gottgewollt angesehen. Die Idee der individuellen Freiheit, wie wir sie heute verstehen, war fremd; das Leben war eingebettet in ein Netz von Pflichten, Rechten und Verantwortlichkeiten, die auf das Wohl der Gemeinschaft ausgerichtet waren.

Das geistige Leben des Mittelalters war stark von der Kirche geprägt. Sie war nicht nur religiöse Autorität, sondern auch Zentrum von Bildung, Kunst und Wissenschaft. Philosophie und Theologie gingen Hand in Hand, und die großen Denker des Mittelalters, wie Thomas von Aquin, suchten die Vernunft als Werkzeug zu nutzen, um die Offenbarung Gottes besser zu verstehen. Die Scholastik, als dominierende Denkschule, verband Glauben und Vernunft in einem harmonischen System, das die göttliche Wahrheit als oberstes Prinzip anerkannte.

Dieses Weltbild hatte eine bemerkenswerte Stabilität. Es bot Orientierung, Sinn und einen klaren Platz im großen Ganzen. Doch es war auch ein geschlossenes System, das wenig Raum für individuelle Abweichungen ließ. Alles, was außerhalb dieser Ordnung stand, wurde als Bedrohung wahrgenommen. Häresie und Abweichung wurden nicht nur als Angriff auf die Kirche, sondern auf die gesamte kosmische Ordnung verstanden.

Die mittelalterliche Weltordnung war jedoch nicht statisch. Ihre Stabilität wurde immer wieder durch innere und äußere Herausforderungen erschüttert. Korruption in der Kirche, Machtkämpfe zwischen Papsttum und Kaisertum, Bedrohungen des Reichs von außen, sowie soziale und wirtschaftliche Spannungen brachten das System immer wieder ins Wanken. Dennoch bot diese Ordnung über Jahrhunderte hinweg eine klare Grundlage, auf der Menschen ihr Leben aufbauen konnten.

Doch wie jede Ordnung war auch diese nicht immun gegen Wandel. Mit der Zeit begannen Risse im Fundament zu entstehen, die schließlich zu einer tiefgreifenden Transformation führten. Diese Transformation sollte nicht nur die mittelalterliche Ordnung auflösen, sondern auch die Grundlagen für eine neue Denkweise legen: den Rationalismus.

2. Die Krise des Mittelalters

Bevor wir uns die Entstehung des Rationalismus ansehen, müssen wir auf die Rahmenbedingungen jener Zeit eingehen. Die mittelalterliche Ordnung, so stabil sie für Jahrhunderte gewirkt haben mag, war nicht frei von Spannungen und Widersprüchen. Ihre Krise war weder plötzlich noch monolithisch, sondern ein schleichender Prozess, der durch eine Vielzahl von Faktoren geprägt wurde. Korruption, interne Konflikte, katastrophale äußere Ereignisse und existenzielle Bedrohungen von außen trugen dazu bei, dass die transzendente Grundlage der Gesellschaft zunehmend ins Wanken geriet und das Bedürfnis nach neuen Antworten wuchs.

Korruption in der Kirche

Die Kirche, das spirituelle und moralische Zentrum der mittelalterlichen Welt, geriet zunehmend in Verruf. Viele ihrer Vertreter nutzten ihre Macht nicht zum Wohl der Gemeinschaft, sondern zur eigenen Bereicherung. Ämterkauf, Vetternwirtschaft und moralische Verfehlungen unter hohen Klerikern führten dazu, dass die Glaubwürdigkeit der Kirche erheblich litt. Auch der Ablasshandel – der Verkauf von Erlassbriefen zur Vergebung von Sünden – wurde von vielen als Ausdruck dieser Korruption wahrgenommen.

Die Gläubigen begannen, an der Integrität der Institution zu zweifeln. Sie suchten nach Wegen, ihren Glauben jenseits der kirchlichen Hierarchie zu leben, was zu einem wachsenden Bedürfnis nach persönlicher Spiritualität führte. Bewegungen wie die der Mystiker oder der „Brüder vom gemeinsamen Leben" zeugen von dieser Suche nach einer direkteren Beziehung zu Gott.

Schismen und Machtkämpfe

Die inneren Konflikte der Kirche erreichten mit dem Großen Abendländischen Schisma (1378–1417) einen Höhepunkt. Fast 40 Jahre lang beanspruchten zwei, später sogar drei Päpste gleichzeitig den Heiligen Stuhl. Dieser Konflikt, der aus politischen und persönlichen Machtkämpfen entstand, war ein offener Bruch in der geistlichen Einheit der Christenheit. Er ließ die Gläubigen nicht nur verwirrt zurück, sondern untergrub auch das Bild der Kirche als unfehlbare Institution.

Gleichzeitig tobten Machtkämpfe zwischen Papst und Kaiser, die um die Vorherrschaft in der christlichen Welt stritten. Diese Konflikte zeigten, dass die Kirche zunehmend in weltliche Angelegenheiten verstrickt war, was ihre spirituelle Autorität weiter schwächte.

Im 16. Jahrhundert kam eine neue Dimension hinzu: Die Reformation. Martin Luthers Thesen und die darauffolgende Kirchenspaltung führten nicht nur zu einer dauerhaften Trennung der westlichen Christenheit, sondern auch zu blutigen Auseinandersetzungen. Die Reformationskriege erschütterten Europa für Jahrzehnte und hinterließen tiefe politische, kulturelle und spirituelle Wunden. Der Dreißigjährige Krieg (1618–1648), der sowohl religiöse als auch machtpolitische Motive hatte, brachte unermessliches Leid über die Bevölkerung und zeigte, wie tief die Spaltung der Christenheit reichte. Er endete mit dem Westfälischen Frieden, der zwar einen vorläufigen Schlussstrich unter die religiösen Konflikte zog, aber die Einheit der Christenheit unwiederbringlich zerstört hatte.

Diese Entwicklungen verstärkten die Orientierungslosigkeit und das Bedürfnis nach neuen Antworten. Die Kirche, die einst als Fundament der transzendenten Ordnung galt, wurde zunehmend als Quelle von Konflikten und Spaltung wahrgenommen.

Pest, Krieg und äußere Bedrohungen

Neben den internen Krisen wurden die Menschen des Mittelalters von äußeren Katastrophen heimgesucht, die das Vertrauen in die bestehende Ordnung erschütterten. Der

Schwarze Tod, der zwischen 1347 und 1351 weite Teile Europas entvölkerte, hinterließ nicht nur wirtschaftliche und soziale Verwüstungen, sondern auch eine tiefgehende spirituelle Krise. Millionen Menschen starben, und viele begannen, an der göttlichen Ordnung zu zweifeln. War die Pest eine Strafe Gottes? Oder war die Kirche unfähig, das Heil zu bewirken?

Auch die großen Konflikte jener Zeit, wie der Hundertjährige Krieg zwischen England und Frankreich, trugen zur Desillusionierung bei. Die Brutalität und Dauer dieser Auseinandersetzungen führten zu einer tiefen Erschöpfung der Gesellschaft und ließen das Ideal einer friedlichen, gottgewollten Ordnung als Illusion erscheinen.

Zudem stand Europa einer wachsenden Bedrohung durch das Osmanische Reich gegenüber. Die Eroberung des Heiligen Landes im 7. Jahrhundert und Spaniens durch die Araber im 8. Jahrhundert hatten die Christenheit bereits in die Defensive gedrängt. Der Fall Konstantinopels 1453, der die endgültige Zerschlagung des oströmischen Reiches bedeutete, markierte einen weiteren Wendepunkt. Die Osmanen stießen bis ins Herz Europas vor und standen 1529 vor den Toren Wiens. Diese militärischen Erfolge wurden von vielen Christen als existenzielle Bedrohung der gesamten christlichen Welt wahrgenommen. Sie trugen dazu bei, dass sich das Abendland zunehmend unsicher fühlte und die traditionelle Vorstellung einer gottgewollten, stabilen Ordnung ins Wanken geriet.

Die Suche nach neuen Antworten

Die Kombination dieser Faktoren schuf ein Klima des Zweifels und der Unsicherheit. Die Menschen begannen, die bestehenden Strukturen nicht nur zu hinterfragen, sondern aktiv nach Alternativen zu suchen. Reformbewegungen innerhalb der Kirche, aber auch die wachsende Faszination für die antiken Texte, die zum Teil von arabischen Gelehrten nach Europa gebracht wurden, legten die Grundlagen für eine neue Denkweise.

Es war diese Spannung zwischen der alten Ordnung und dem Bedürfnis nach Erneuerung, die die Bühne für die Renaissance bereitete – eine Zeit, die sich durch die Rückbesinnung auf die menschliche Vernunft und die Antike auszeichnete. Die Krise des Mittelalters war somit nicht nur ein Ende, sondern auch ein Übergang zu einer neuen Epoche, die den Rationalismus hervorbringen sollte.

3. Die Geburt des Rationalismus

Die Renaissance markierte einen der tiefgreifendsten Wendepunkte in der Geschichte der westlichen Welt. Sie war mehr als nur eine Wiedergeburt von Kunst und Wissenschaft; sie leitete eine neue Denkweise ein, die den Rationalismus hervorbrachte und die Grundlagen der modernen Welt legte. Doch wie kam es zu diesem dramatischen Wandel, in dem sich die Menschen von der christlichen Weltordnung ab- und den antiken Quellen zuwandten? Die Antwort liegt in einer einzigartigen Mischung aus historischen, kulturellen und intellektuellen Einflüssen, die das mittelalterliche Denken ins Wanken brachten.

Es war die Wiederentdeckung der antiken Schriften, die die geistige Welt Europas revolutionierte. Texte von Aristoteles, Platon, Cicero und anderen Denkern der Antike, die neben anderen Quellen, auch über arabische Gelehrte nach Europa gelangten, eröffneten neue Horizonte. Sie stellten nicht nur Ideen vor, sondern auch ein anderes Menschenbild: Der Mensch als Maß aller Dinge, ein Wesen, das durch Vernunft die Welt verstehen und gestalten konnte. Diese Vision kontrastierte stark mit dem mittelalterlichen Ideal, das den Menschen als Teil eines göttlichen Plans sah.

Die antiken Denker boten eine Alternative zu der stark theologischen und hierarchischen Ordnung des Mittelalters. Ihr Konzept der „Humanitas" – die Entwicklung der menschlichen Fähigkeiten und die Wertschätzung individueller Leistung – wurde zum Leitmotiv der Renaissance. Es war ein Menschenbild, das nicht nur inspiriert, sondern auch die Grundlage für eine neue geistige Selbstständigkeit gelegt hat. Die Vernunft wurde von den Intellektuellen dieser Zeit zunehmend als eine autonome Kraft betrachtet, die nicht länger der Theologie untergeordnet sein musste.

Warum aber geschah diese Emanzipation der Vernunft gerade in dieser Epoche? Es waren die Krisen des Mittelalters – die Korruption der Kirche, das große Schisma und die verheerenden Katastrophen wie die Pest, der Fall von Konstantinopel und nicht zuletzt die Reformation –, die das Vertrauen in die bestehende Ordnung schwer erschütterten. Die Menschen suchten nach neuen Wegen, die Welt zu verstehen und ihr Leben zu gestalten. Die Vernunft versprach eine Methode, die unabhängig von den Fehlbarkeiten der Institution Kirche war.

Parallel dazu veränderte sich das Selbstverständnis des Individuums grundlegend. Wo der Einzelne im Mittelalter vor allem als Teil eines größeren göttlichen Plans verstanden wurde, betonte die Renaissance die Autonomie und Kreativität des Einzelnen. Künstler wie Leonardo da Vinci und Michelangelo stellten den Menschen ins Zentrum ihrer Werke – nicht mehr als Bestandteil eines kosmischen Ganzen, sondern als souveränen

Schöpfer, dessen Potenzial nahezu grenzenlos erschien. Diese neue Sichtweise machte die Vernunft zur obersten Instanz und rückte die transzendente Ordnung, die das Mittelalter geprägt hatte, in den Hintergrund.

Die Renaissance war jedoch keine explizit antichristliche Bewegung. Vielmehr verschob sie die Prioritäten. Der Fokus verlagerte sich von der göttlichen Ordnung hin zur menschlichen Erfahrung, von der Transzendenz zur Immanenz. Die Kirche blieb eine zentrale Institution, doch ihre geistige Autorität wurde zunehmend hinterfragt – nicht zuletzt aufgrund ihrer moralischen und organisatorischen Schwächen. Die Anziehungskraft der Antike und der Wunsch nach Kontrolle über die eigene Welt verstärkten diese Abwendung von der christlichen Weltordnung zusätzlich.

So führte die Renaissance einen Paradigmenwechsel herbei: von der vertikalen Ordnung des Mittelalters, mit Gott über allem, hin zu einer horizontalen Perspektive, in der der Mensch selbst zum Zentrum wurde. Damit legte sie den Grundstein für den

Rationalismus, der die Denkweise der Aufklärung prägen sollte. Doch genau hier lag auch die Schwäche dieses neuen Paradigmas: Indem sich der Rationalismus von der Transzendenz, also von Gott löste und die Vernunft absolut setzte, schuf er ein selbstreferenzielles System, das schließlich den Weg zum Nihilismus ebnen sollte.

Kapitel 2: Die Kette der Zerstörung

1. Rationalismus als Anfang

Mit der Renaissance begann eine neue Ära, in der die menschliche Vernunft in den Mittelpunkt rückte und zur zentralen Kraft für Erkenntnis und Weltgestaltung erhoben wurde. Diese Neuorientierung wirkte zunächst befreiend, denn sie erlaubte es dem Menschen, die Natur und sich selbst auf eine vollkommen neue Weise zu verstehen. Doch der Rationalismus, der in dieser Zeit geboren wurde, entwickelte sich bald zu einem System, das sich von seinen ursprünglichen Wurzeln löste und eine Dynamik entfesselte, die schließlich zur Abkopplung von Transzendenz und Wahrheit führte.

In den Köpfen der Menschen wurde die Vernunft mehr und mehr zum obersten Maßstab für alles. Sie war nicht länger nur ein Werkzeug, um die Welt zu begreifen, sondern wurde zur höchsten Instanz erhoben. Alles, was sich nicht durch rationales Denken erklären ließ, galt plötzlich als unwahr, bedeutungslos oder gar gefährlich. Damit wurde auch die Transzendenz – das Göttliche, das das mittelalterliche Denken durchdrungen hatte – aus dem Diskurs verdrängt. Die Weltanschauung wandelte sich grundlegend: Der Mensch selbst wurde zum Zentrum allen Denkens. Es war eine Verschiebung, die die Loslösung von Gott vorantrieb. Die Vernunft begann, sich als eigenständige Instanz zu verstehen, die keine göttliche Offenbarung mehr brauchte. Alles Übernatürliche, alles, was jenseits der menschlichen Logik lag, wurde zunehmend als irrational abgelehnt.

Doch dieser Schritt brachte auch eine fundamentale Schwäche mit sich. Indem der Rationalismus die Transzendenz ausschloss, schuf er ein geschlossenes System, das sich ausschließlich auf menschliche Konstrukte stützte. Es war ein selbstreferentieller Kreislauf, der nicht in der Lage war, eine absolute Wahrheit zu erkennen, die außerhalb dieser selbst geschaffenen Ordnung lag. Was einst ein Werkzeug war, um Gottes Plan besser zu verstehen, wurde nun selbst zum Gott. Die Vernunft erhob sich zum absoluten Maßstab und entfremdete sich dabei immer weiter von der Wirklichkeit.

In diesem Prozess spielte die Reformation eine entscheidende Rolle. Ursprünglich richtete sich die Kritik von Martin Luther und anderen Reformatoren gegen die Korruption und den Machtmissbrauch in der katholischen Kirche. Doch die Folgen ihrer Bewegung reichten weit über die Reform der Institution hinaus. Mit „Sola Scriptura", der Betonung der Bibel als alleinige Quelle der Wahrheit, wurde die geistige Autorität der Kirche geschwächt. Jeder Gläubige war nun aufgerufen, die Schrift selbst zu interpretieren, ohne die Vermittlung durch eine übergeordnete Instanz. Das führte zu einer radikalen Individualisierung des Glaubens, die letztlich die transzendente Einheit der Kirche auflöste. Die Reformation bereitete den Boden für den Rationalismus, indem sie das intellektuelle Vakuum schuf, das durch die Vernunft gefüllt wurde.

So war die Reformation nicht die Ursache des Rationalismus, aber sie beschleunigte dessen Entfaltung erheblich. Was als Erneuerung des Glaubens begonnen hatte, führte zu einer Bewegung, die die Vernunft auf den Thron hob und die transzendente Ordnung verdrängte. Dieser Paradigmenwechsel markierte den Beginn einer Kette von Entwicklungen, die vom Rationalismus über den Relativismus und Subjektivismus bis hin zum Nihilismus führen sollten.

Exkurs: Die Aufklärung – Vom Licht der Vernunft zur Schattenwelt des Relativismus

Die Aufklärung, oft als „Zeitalter des Lichts" bezeichnet, veränderte das Denken der westlichen Welt grundlegend. Sie setzte die in der Renaissance begonnene Emanzipation der Vernunft fort und erhob sie zur obersten Instanz in allen Lebensbereichen. Dabei war die Aufklärung weit mehr als ein intellektuelles Projekt; sie war eine kulturelle und politische Bewegung, die den Rationalismus auf ein neues Niveau hob und die Voraussetzungen für die Französische Revolution sowie den späteren Relativismus schuf.

Die Denker dieser Epoche waren überzeugt, dass die menschliche Vernunft die Schlüssel zu allen Geheimnissen der Welt in Händen hielt. Es war ein beispielloser Optimismus: Die Vernunft sollte nicht nur Probleme lösen, sondern Missstände beseitigen, Wahrheiten ans Licht bringen und eine gerechtere Gesellschaft ermöglichen. Begriffe wie Freiheit, Gleichheit und Toleranz waren ihre Ideale, basierend auf der Überzeugung, dass der menschliche Verstand allein ausreicht, um die Welt zu ordnen. Doch dieser Glaube an die Allmacht der Vernunft war nicht nur eine Absage an Traditionen, sondern auch ein Angriff auf bestehende Autoritäten – von der Kirche über die Monarchie bis hin zu traditionellen moralischen Normen.

Die Aufklärung vollendete die Dynamik des Rationalismus, indem sie die Vernunft endgültig von der Transzendenz löste. Sie wurde nicht länger als Mittel zum Zweck verstanden, sondern selbst zum höchsten Prinzip erhoben. Dieser Paradigmenwechsel beeinflusste auch die Naturwissenschaften, die in der Aufklärung ihren Höhepunkt erreichten. Die Welt wurde als mechanisches System betrachtet, regiert von Naturgesetzen, die die menschliche Vernunft entschlüsseln konnte. Die Idee der Schöpfung Gottes wurde dabei mehr und mehr verdrängt. Die „Entzauberung der Welt", wie sie später genannt wurde, war eine zentrale Folge dieser Sichtweise: Alles, was nicht rational erklärbar war, galt als Aberglaube und wurde aus dem öffentlichen Diskurs verbannt. Religion, Spiritualität und Tradition verloren ihren Einfluss und wurden ins Private zurückgedrängt.

Doch die Aufklärung hatte nicht nur helle Seiten. Ihre Prinzipien trugen auch die Keime einer Entwicklung in sich, die zu neuen Krisen führen sollte. Die Auflösung transzendenter Ordnungen und absoluter Werte bereitete den Boden für den Relativismus. Wenn die Vernunft zum alleinigen Maßstab erhoben wird, wird auch die Wahrheit relativ – abhängig von Zeit, Kultur und Perspektive. Gleichzeitig führte die Aufklärung zu einer Entfremdung des Menschen von sich selbst. Der Mensch wurde zunehmend als rationales, funktionales Wesen in einer mechanischen Welt wahrgenommen, während Spiritualität und tiefere Bedeutung immer mehr an den Rand gedrängt wurden.

Diese Schattenseiten blieben nicht unbemerkt. Schon Zeitgenossen wie Jean-Jacques Rousseau kritisierten die einseitige Betonung der Vernunft und warnten vor einem Verlust der inneren Harmonie des Menschen. Dennoch setzte die Aufklärung ihre Logik konsequent fort. Ihre Ideale von Freiheit und Gleichheit inspirierten die Amerikanische und Französische Revolution, die zwar neue Ordnungen schufen, aber auch die zerstörerische Kraft einer relativierten Wahrheit offenbarten. Die transzendente Ordnung wurde durch menschengemachte Systeme ersetzt, deren Schwächen sich später im Relativismus und Nihilismus zeigen sollten.

Die Aufklärung war ein Höhepunkt des Rationalismus, aber sie war zugleich der Beginn einer Entwicklung, die in die Krise der Moderne führen würde. Sie verbindet die Renaissance mit den großen Umbrüchen des 18. und 19. Jahrhunderts und zeigt, wie die Emanzipation der Vernunft schließlich zu ihrer eigenen Relativierung führte. Damit bildet sie das Bindeglied zwischen der klassischen Vernunft und der modernen Sinnkrise, die wir heute erleben.

2. Vom Rationalismus zum Relativismus

Der Rationalismus, der einst als Leuchtturm der Vernunft und Hoffnung auf eine bessere Welt galt, trug von Beginn an die Saat des Relativismus in sich. Indem er die Vernunft zur alleinigen Instanz erhob und sich von transzendenten Wahrheiten abkoppelte, legte er den Grundstein für eine Entwicklung, die zwangsläufig zur Relativierung aller Werte führen musste. Die mittelalterliche Welt hatte ihre festen Bezugspunkte: Gott und die göttliche Ordnung bildeten das Fundament, auf dem Wahrheit und Moral ruhten. Dieses Fundament gab den Menschen Orientierung und Verbindlichkeit. Doch mit dem Rationalismus verschwand diese feste Basis, und an ihre Stelle trat die menschliche Vernunft — eine Instanz, die von Natur aus begrenzt ist.

Menschliche Vernunft ist niemals absolut. Sie ist gebunden an die Perspektiven und Einschränkungen des Individuums. Ohne eine höhere Instanz, die als Maßstab dient, wird Wahrheit zu etwas Relativem. Was für den einen rational erscheint, mag für den anderen vollkommen unverständlich sein. Dieser

Verlust objektiver Maßstäbe führte zu einem schleichenden Verfall der Verbindlichkeit. Es gab keinen gemeinsamen Nenner mehr, auf den sich alle einigen konnten. Wahrheit wurde nicht länger als etwas Absolutes betrachtet, sondern als etwas, das von individuellen oder kulturellen Perspektiven abhängt.

Diese Entwicklung verlief jedoch nicht plötzlich, sondern schrittweise. Der Übergang vom Rationalismus zum Relativismus war ein Prozess, der sich in mehreren Stufen vollzog. Zunächst führte der Rationalismus zur Dekonstruktion von Autoritäten. Alles, was sich nicht vor der Vernunft rechtfertigen ließ, wurde infrage gestellt – sei es die Kirche, Traditionen, gesellschaftliche Normen oder moralische Werte. Was übrig blieb, war eine Vielzahl von Perspektiven, die als gleichwertig angesehen wurden. Es erschien rational, verschiedene Wahrheiten nebeneinander bestehen zu lassen, ohne eine übergeordnete Instanz, die zwischen ihnen entscheidet. Schließlich wurde die Perspektive selbst zum Maßstab. Jede Sichtweise wurde als gleichwertig betrachtet, und es gab keinen objektiven Grund mehr, eine Wahrheit über die andere zu stellen.

Die Folgen dieser Entwicklung waren tiefgreifend. Ohne objektive Wahrheiten wurde alles beliebig. Moralische Werte, soziale Normen und kulturelle Standards verloren ihre Verbindlichkeit. Die Gemeinschaften, die einst durch gemeinsame Überzeugungen zusammengehalten wurden, begannen auseinanderzubrechen. Menschen zogen sich in ihre eigenen Perspektiven zurück, isoliert von einem größeren Ganzen. Diese Auflösung der Gemeinschaft führte zu einer existenziellen Krise: Wenn alles relativ ist, verliert das Leben seinen Sinn. Es gibt keine höheren Ziele oder Werte mehr, an denen sich der Mensch orientieren kann.

Ein entscheidender Faktor in diesem Übergang war die Reformation. Sie relativierte die Autorität der Kirche und individualisierte den Glauben. Jeder Mensch war aufgerufen, die Bibel selbst zu lesen und zu interpretieren, was dazu führte, dass eine Vielzahl protestantischer Glaubensrichtungen entstand — jede mit ihrem eigenen Wahrheitsanspruch.

Diese Fragmentierung war ein früher Ausdruck des Relativismus. Die Reformation verwarf zudem viele traditionelle Lehren und Praktiken der Kirche, was die Tendenz verstärkte, alle Autoritäten infrage zu stellen. Sie schuf damit nicht nur Raum für den Rationalismus, sondern auch für die Relativierung aller Werte.

Doch der Relativismus war nicht das Ende dieser Entwicklung. Er war vielmehr ein Übergang, der den Weg zum Subjektivismus ebnete – einer Denkweise, in der das Individuum selbst zum Maß aller Dinge wird. Diese nächste Stufe der Kette sollte jedoch keine Lösung für die Krise sein, sondern eine weitere Eskalation des Problems.

Exkurs: Revolutionen als Kristallisationspunkte der geistigen Entwicklung

Die geistigen Strömungen des Rationalismus und Relativismus blieben nicht auf die Philosophie und Theologie beschränkt. Sie durchdrangen die politischen und gesellschaftlichen Strukturen und führten zu einer beispiellosen Neuordnung der Welt. Besonders sichtbar wurde dies in den Amerikanischen Freiheitskriegen und der Französischen Revolution, die als entscheidende Wendepunkte in der Geschichte betrachtet werden können. Diese Ereignisse waren nicht nur Ausdruck gesellschaftlicher Spannungen, sondern auch Kristallisationspunkte, an denen die Ideen des Rationalismus und Relativismus ihre volle, oft zerstörerische Kraft entfalteten.

Die Amerikanische Revolution war ein Vorläufer der Französischen Revolution und ein praktisches Beispiel dafür, wie die neuen geistigen Strömungen in politische Realität umgesetzt werden konnten. Die Führer dieser Bewegung waren tief von den Prinzipien der europäischen Aufklärung geprägt. Freiheit, Gleichheit und das Recht auf Selbstbestimmung standen im Mittelpunkt ihrer Ideale. Doch diese Prinzipien entsprangen einer Weltanschauung, die den Menschen als Gestalter seiner eigenen Ordnung betrachtete – losgelöst von jeder transzendenten Autorität. Die Gründung der Vereinigten Staaten basierte auf der Idee der Volkssouveränität, nicht auf göttlicher Legitimation. Die

Verfassung von 1787 ist ein bemerkenswertes Dokument, das die Herrschaft des Rechts und der Vernunft über religiöse Traditionen stellte. Dies war ein radikaler Bruch mit der mittelalterlichen Vorstellung von „Herrschaft von Gottes Gnaden". Zum ersten Mal wurde der Liberalismus – die Betonung individueller Freiheit und Rechte – zur Grundlage eines Staates.

Doch während die Amerikanische Revolution eine neue Ordnung schuf, zielte die Französische Revolution auf die vollständige Zerstörung der bestehenden Ordnung. Sie war der Höhepunkt des Rationalismus und Relativismus und ein Wendepunkt in der europäischen Geschichte. Die Revolution zerstörte systematisch alle Institutionen, die mit der transzendenten Weltordnung verbunden waren. Der König wurde hingerichtet, der Adel entmachtet, und die Kirche verlor ihre Stellung als moralische und geistige Autorität. Stattdessen erhob man die „Vernunft" zur neuen Leitlinie, was sich eindrucksvoll in der Umwidmung von Kathedralen zu „Tempeln der Vernunft" zeigte.

Doch die Revolution ging noch weiter. Sie nahm an, dass alle gesellschaftlichen und moralischen Werte neu definiert werden könnten – ohne absoluten Maßstab. Diese Annahme führte zu einem Zustand des Chaos und der Gewalt, der schließlich in der Schreckensherrschaft gipfelte. Der Verlauf der Revolution offenbarte die Dynamik des Relativismus: Die anfänglichen Ideale von Freiheit, Gleichheit und Brüderlichkeit wurden von inneren Widersprüchen und Machtkämpfen überrollt. Die Revolution, die mit dem Ziel begonnen hatte, eine neue Welt zu schaffen, wurde zu einem selbstzerstörerischen Prozess, der schließlich in der Diktatur Napoleons endete.

Beide Revolutionen – die amerikanische und die französische – zeigen, wie die Abkopplung von der Transzendenz die politische Ordnung fundamental veränderte. Die Vorstellung, dass Herrscher „von Gottes Gnaden" regieren, wurde durch die Idee der Volkssouveränität ersetzt. Dies ermöglichte es, Herrschaft infrage zu stellen und Revolutionen durchzuführen. Doch die Zerstörung der transzendenten Ordnung hatte ihren

Preis. Was einst Stabilität und Verbindlichkeit bot, wurde durch ein System ersetzt, in dem politische und soziale Ordnungen beliebig geworden sind.

Die Revolutionen des 18. Jahrhunderts waren nicht das Ende, sondern nur eine Etappe in der geistigen Entwicklung vom Rationalismus zum Relativismus. Sie ebneten den Weg für den Subjektivismus und Liberalismus, die bald folgen sollten. Insbesondere die Französische Revolution offenbarte, wie die Dekonstruktion transzendenter Wahrheiten nicht nur die Relativierung aller Werte, sondern auch die Zerstörung bestehender Ordnungen beschleunigte. Diese Dynamik sollte sich in den kommenden Jahrhunderten weiter entfalten.

3. Der Übergang zum Subjektivismus und Liberalismus

Nachdem der Relativismus die Grundlage für absolute Wahrheiten zerstört hatte, richtete sich die Aufmerksamkeit zunehmend auf das Individuum selbst. Wenn es keine objektiven Maßstäbe mehr gibt, dann bleibt nur der

Einzelne, um Wahrheit und Wirklichkeit zu definieren. Dieser Übergang zum Subjektivismus war die logische Konsequenz der Entwicklungen, die mit dem Rationalismus begonnen hatten. Der Subjektivismus führte schließlich zum Liberalismus – einer Philosophie, die die individuelle Freiheit über alles stellt und damit die nächste Stufe in der Kette der Zerstörung einleitete.

Im Subjektivismus wird das „Ich" zum Mittelpunkt der Wirklichkeit. Während der Relativismus noch verschiedene Perspektiven als gleichwertig anerkannte, verlagert der Subjektivismus die Entscheidung über Wahrheit und Werte vollständig ins Innere des Individuums. Das Denken wird absolut subjektiv – alles hängt von der eigenen Wahrnehmung ab. Die Welt wird nicht mehr als objektive Realität wahrgenommen, sondern als etwas, das durch die subjektive Perspektive geformt wird. Descartes' berühmtes „Ich denke, also bin ich" war ursprünglich eine Aussage rationalistischer Philosophie, wurde aber im Subjektivismus zu einem Ausdruck individueller Selbstbehauptung.

Doch diese Verlagerung ins Innere hatte einen hohen Preis: Das Individuum wurde zunehmend isoliert. Wenn jede Wahrheit subjektiv ist, bleibt der Einzelne allein in seiner Wahrnehmung gefangen. Die Welt wird nicht länger als etwas Gemeinsames verstanden, sondern als etwas, das von der subjektiven Perspektive abhängig ist. Diese Isolation des Einzelnen bereitete den Boden für den Liberalismus, der die individuelle Freiheit und Selbstbestimmung zum höchsten Prinzip erhob.

Im Liberalismus wurde die Freiheit zum absoluten Gut erklärt. Jede Einschränkung dieser Freiheit wurde als Angriff auf die menschliche Würde betrachtet. Doch Freiheit ohne Grenzen hat Konsequenzen. Mit der Auflösung gemeinsamer Werte und Normen wurde die Vorstellung etabliert, dass jeder Mensch seine eigene Wahrheit und Moral finden müsse. Das Individuum wurde zum einzigen Maßstab – ohne Verbindlichkeit gegenüber Gemeinschaft, Tradition oder Transzendenz. Diese Entkopplung von Verantwortung verstärkte die Isolation des Einzelnen und führte zu einer Fragmentierung der Gesellschaft.

Die Auswirkungen waren weitreichend. Eine Gesellschaft, in der jeder seine eigene Wahrheit hat, verliert ihre gemeinsame Basis. Zusammenhalt und kollektives Handeln werden erschwert, da es keine gemeinsamen Ziele oder Werte mehr gibt. Für das Individuum selbst führte die absolute Freiheit oft zu einer Sinnkrise. Ohne höhere Ideale oder eine transzendente Perspektive bleibt das Individuum auf sich selbst zurückgeworfen, was nicht selten in Orientierungslosigkeit und innerer Leere endet.

Der Liberalismus, der einst als Verheißung galt, trug somit die Saat des Nihilismus in sich. Wenn alles erlaubt ist und nichts verbindlich, verlieren Werte und Ziele ihre Bedeutung. Freiheit ohne einen höheren Zweck führt letztlich zur Zerstörung der Freiheit selbst. Es ist eine tragische Ironie: Was als Befreiung begann, mündet in der völligen Dekonstruktion von Sinn und Orientierung.

Dieser Prozess ebnete den Weg für die nächste und letzte Stufe in der Kette: den Nihilismus. Der Nihilismus, in dem alle Werte dekonstruiert und alle Wahrheiten relativiert sind, markiert das Endstadium dieser Entwicklung.

Die Logik der Entwicklung vom Rationalismus zum Nihilismus verläuft also wie folgt: Auf den Rationalismus folgt zwangsläufig, als unvermeidbares nächstes Stadium der Relativismus und von diesem führte der Weg zwangsläufig zum Subjektivismus, wo das Individuum selbst zum Maß aller Dinge wurde. Aus diesem Subjektivismus erwächst der Liberalismus, der die Freiheit des Individuums zur zentralen Maxime erhebt. Doch Freiheit ohne Werte und Verbindlichkeit führt schließlich zur völligen Orientierungslosigkeit – und damit zum Nihilismus.

4. Das Ende im Nihilismus

Der Nihilismus ist der Endpunkt einer langen und schleichenden Entwicklung, die ihren Ursprung im Rationalismus hat. Er ist das Stadium, in dem alle Werte dekonstruiert, alle

Wahrheiten relativiert und alle Bindungen aufgelöst wurden. Was bleibt, ist eine Leere, in der jede Form von Orientierung und Sinn verschwunden ist. Der Nihilismus markiert damit nicht nur eine Krise der Werte, sondern das völlige Verschwinden von Ordnung und Bedeutung.

Dieser Zustand ist nicht plötzlich entstanden. Er ist das Ergebnis eines Prozesses, der sich über Jahrhunderte entfaltet hat. Der Rationalismus begann mit der Loslösung der Vernunft von der Transzendenz, wodurch sie ihren Bezug zu einer objektiven Wirklichkeit verlor. Im Relativismus wurden gemeinsame Werte hinterfragt, bis sie schließlich durch subjektive Entscheidungen ersetzt wurden. Der Subjektivismus erklärte das Individuum zum alleinigen Maßstab, wodurch sich der Einzelne zunehmend isolierte. Schritt für Schritt wurden die Grundlagen zerstört, die einer Gesellschaft Halt und Orientierung geben. Der Nihilismus ist somit die logische Konsequenz dieser Entwicklungen – ein Endpunkt, an dem keine neuen Werte mehr geschaffen werden können, weil die Prinzipien, auf denen Werte basieren, selbst zerstört wurden.

Die Auswirkungen des Nihilismus zeigen sich auf vielen Ebenen. Orientierungslosigkeit wird zum zentralen Merkmal. Ohne absolute Werte oder transzendente Wahrheiten gibt es keine Grundlage mehr für moralische oder soziale Entscheidungen. Alles wird beliebig, und der Zusammenhalt der Gesellschaft zerbricht. Gleichzeitig wird das Leben sinnlos. Ohne höhere Ziele oder Ideale erscheint die Existenz wie eine bloße Abfolge von Handlungen, ohne tiefere Bedeutung. Institutionen und Traditionen, die früher Halt gaben — wie Familie, Religion oder Gemeinschaft — werden hinterfragt, dekonstruiert und schließlich aufgelöst, bis nichts mehr übrigbleibt.

Doch der Nihilismus bringt nicht nur eine Sinnkrise mit sich; er zerstört auch die Freiheit, die er zu fördern vorgibt. Freiheit ohne Verbindlichkeit und Regeln führt unweigerlich ins Chaos. Ohne Orientierung wird der Mensch zum Spielball von Kräften, die er nicht kontrollieren kann. In einer Welt ohne gemeinsame Werte wird Macht zur einzigen Instanz, und Konflikte werden nicht mehr durch Dialog gelöst, sondern durch Zwang und Gewalt. Paradoxerweise entsteht im Nihilismus eine neue Sehnsucht nach Ordnung und Stabilität. Doch diese Sehnsucht führt oft zu extremen Ideologien oder autoritären Systemen, die noch destruktiver sind.

Der Nihilismus ist kein Übergangszustand, sondern ein Endpunkt. Ohne eine Rückkehr zur Transzendenz bleibt der Mensch in einem Gedankengefängnis gefangen, aus dem es keinen Ausweg zu geben scheint. Alle Versuche, neue Werte zu schaffen, scheitern, weil sie auf denselben Prinzipien beruhen, die den Nihilismus hervorgebracht haben. Die Welt wird auf Materie und Funktionalität reduziert, während die grundlegende Frage nach dem „Warum?" unbeantwortet bleibt.

Die Herausforderung des Nihilismus liegt darin, dass er eine radikale Neuorientierung erfordert. Ein Ausweg ist nur möglich, wenn der Mensch bereit ist, sich erneut auf die Transzendenz einzulassen – auf eine Wahrheit, die außerhalb seiner selbst liegt. Diese

Frage nach einem möglichen Ausweg wird im nächsten Kapitel aufgegriffen. Doch bevor wir uns mit Lösungen beschäftigen, ist es entscheidend, die Logik dieser Entwicklung vollständig zu durchdringen und die Tragweite des Nihilismus zu erkennen. Nur so kann ein Weg gefunden werden, der aus der Leere hinausführt.

Kapitel 3: Das Gedankengefängnis

1. Wie entstehen geschlossene Systeme? Selbstreferenzialität und die Illusion von Wahrheit

Ein zentrales Problem der modernen geistigen Entwicklung ist das Phänomen der geschlossenen Systeme. Diese Denkgebäude, die sich vollständig in sich selbst bewegen, wirken auf den ersten Blick überzeugend und kohärent. Doch genau darin liegt ihre Täuschung. Geschlossene Systeme haben keinen Bezug zur äußeren Wirklichkeit – sie operieren ausschließlich innerhalb ihrer eigenen Logik. Sie sind selbstreferentiell und erzeugen damit eine Illusion von Wahrheit, die jedoch nichts anderes ist als die Reflexion ihrer eigenen Annahmen.

Doch was genau ist ein geschlossenes System? Es handelt sich dabei um eine Denkweise oder ein Glaubenssystem, das nur auf seinen eigenen Prinzipien basiert, ohne einen Bezug zu etwas außerhalb seiner selbst. Diese Systeme können in sich logisch und schlüssig erscheinen, doch diese innere

Konsistenz ist kein Garant dafür, dass sie mit der objektiven Realität übereinstimmen. Ihre Selbstreferentialität führt dazu, dass sie ihre eigenen Annahmen ständig bestätigen, wodurch sie für diejenigen, die sich in ihnen bewegen, oft überzeugend wirken. Diese Dynamik erschafft die Illusion, dass sie die Wahrheit verkörpern, obwohl sie in Wirklichkeit von der objektiven Welt abgekoppelt sind.

Die Entstehung solcher geschlossenen Systeme ist eng mit dem menschlichen Wunsch nach Sicherheit und Orientierung verbunden. Menschen suchen nach Erklärungen, die Stabilität in einer oft chaotischen Welt bieten. Doch diese Suche birgt die Gefahr, dass sie sich in Denkstrukturen einschließen, die keinen Widerspruch zulassen. Die Geschichte des Rationalismus zeigt, wie diese Dynamik ihren Anfang nahm. Mit der Absolutsetzung der Vernunft wurde ein Paradigma geschaffen, das alternative Perspektiven ausschloss und damit die Grundlage für geschlossene Systeme legte. Der Ausschluss transzendenter Wahrheiten verstärkte dieses Phänomen noch, da das entstehende Vakuum von Systemen gefüllt wurde, die einfache Antworten auf komplexe Fragen boten, ohne dabei die tieferliegenden Zusammenhänge zu berücksichtigen.

Geschlossene Systeme entwickeln dabei eine eigene Dynamik, die sie stabil hält und Kritik unterdrückt. Jede Erfahrung wird so interpretiert, dass sie die eigenen Annahmen bestätigt. Widersprüche werden entweder ignoriert oder als irrelevant abgetan. Jede Kritik am System wird als Angriff wahrgenommen und vehement abgewehrt. Diese Mechanismen schaffen eine kollektive Konformität unter den Anhängern, die ihre Wahrnehmung und ihr Verhalten an die Vorgaben des Systems anpassen. Dadurch entsteht eine geschlossene Blase, in der sich die Anhänger bewegen und die ihre eigene Realität zu bestätigen scheint.

Die größte Gefahr dieser Systeme liegt jedoch in der Illusion von Wahrheit, die sie erzeugen. Ihre innere Logik verleiht ihnen eine scheinbare Überzeugungskraft, doch diese Schlüssigkeit ist trügerisch. Sie basiert nicht auf einer Übereinstimmung mit der Wirklichkeit, sondern auf der wiederholten

Bestätigung der eigenen Annahmen. Ideologien sind ein typisches Beispiel für solche geschlossenen Systeme. Sie bieten einfache Erklärungen für komplexe Probleme und präsentieren sich als absolut wahr. Doch in Wirklichkeit sind sie oft nichts anderes als Projektionen ihrer eigenen Prinzipien, die den Kontakt zur äußeren Realität verloren haben.

Diese Dynamik geschlossener Systeme isoliert ihre Anhänger von der Welt außerhalb. Die Menschen leben in einer Blase, die ihnen eine vermeintliche Sicherheit bietet, sie aber gleichzeitig von der tatsächlichen Wirklichkeit trennt. Im nächsten Abschnitt werden wir uns genauer anschauen, wie Ideologien diese Mechanismen nutzen, um ihre Anhänger nicht nur zu verblenden, sondern auch von der Realität zu entfremden.

2. Ideologien als Ersatz für Wirklichkeit

Ideologien sind die deutlichsten Beispiele für geschlossene Systeme. Sie basieren auf der gleichen Dynamik — Selbstreferenzialität und die Abkopplung von der objektiven Wirklichkeit — und schaffen eine künstlich konstruierte Welt. Diese Fiktion tritt oft mit einem absoluten Wahrheitsanspruch auf und ersetzt die tatsächliche Realität durch ein vereinfachtes, manipulatives Gedankenkonstrukt. Was Ideologien so gefährlich macht, ist ihre Fähigkeit, nicht nur ihre Anhänger zu blenden, sondern sie vollständig von der realen Welt zu entfremden.

Doch was genau ist eine Ideologie? Sie ist ein Denksystem, das die Welt durch eine bestimmte, vorgefertigte Brille betrachtet. Alles, was innerhalb dieser Brille sichtbar wird, wird zum Bestandteil der erklärten Wirklichkeit, während alles, was nicht hineinpasst, ignoriert oder ausgeblendet wird. Ideologien behaupten, die gesamte Realität erklären zu können, doch in Wahrheit reduzieren sie die Vielfalt und Komplexität der Welt auf einseitige Prinzipien. Sie präsentieren sich oft als universale Wahrheiten und vermitteln den Eindruck, einfache Antworten auf komplexe Fragen zu liefern. Diese scheinbare Klarheit macht sie für viele Menschen attraktiv, obwohl sie in Wirklichkeit eine extreme Vereinfachung der Wirklichkeit darstellen.

Im Kern sind Ideologien Fiktionen. Sie schaffen eine künstliche Realität, die nicht mit der objektiven Welt übereinstimmt. Um dies zu erreichen, bedienen sie sich bestimmter Narrative – Geschichten, die ihre Prinzipien rechtfertigen sollen. Diese Narrative sind jedoch selektiv und blenden alles aus, was nicht in das System passt. Die innere Stimmigkeit, die sie vermitteln, ist eine Illusion, die allein durch die Unterdrückung widersprüchlicher Fakten entsteht. Doch gerade diese Schein-Kohärenz verleiht Ideologien ihre Überzeugungskraft. Sie geben ihren Anhängern das Gefühl, auf der Seite der Wahrheit zu stehen, während sie in Wirklichkeit nur in einer selbst geschaffenen Blase leben.

Was Ideologien besonders mächtig macht, ist ihre Fähigkeit, eine emotionale Bindung zu erzeugen. Sie geben ihren Anhängern ein Gefühl von Zugehörigkeit, Sinn und moralischer Überlegenheit. Diese emotionale Komponente verstärkt die Verblendung und macht es schwer, die Ideologie kritisch zu hinterfragen. Wer Teil einer Ideologie ist, sieht die Welt ausschließlich durch die Linse dieser Ideologie. Alles wird im Licht ihrer

Prinzipien interpretiert, und widersprüchliche Fakten werden entweder ausgeblendet oder so umgedeutet, dass sie ins System passen. Kritiker werden als Feinde wahrgenommen, ihre Argumente diffamiert oder zurückgewiesen.

Ideologien sind jedoch nicht nur gedankliche Konstrukte, sondern auch Werkzeuge der Macht. Sie kontrollieren die Wahrnehmung und das Denken ihrer Anhänger und werden daher oft von Machthabern genutzt, um ihre Herrschaft zu legitimieren. Wer die Ideologie kontrolliert, kontrolliert auch die Wirklichkeitswahrnehmung der Menschen. Gleichzeitig unterdrücken Ideologien jede Form von abweichender Meinung, da sie keine alternativen Perspektiven zulassen. Dies führt zu einer Einschränkung individueller Freiheit und Kreativität und macht die Ideologie selbst zu einem Gefängnis.

Die Verblendung durch Ideologien ist eine der größten Herausforderungen der modernen Welt. Sie ist nur möglich, weil geschlossene Systeme die Wahrnehmung und das Denken der Menschen dominieren und sie in einer kollektiven Illusion gefangen halten. Im nächsten Abschnitt werden wir mithilfe der Hohlkugel-Metapher veranschaulichen, wie diese Systeme funktionieren und warum sie keinen Bezug zur Wirklichkeit haben.

3. Die Hohlkugel-Metapher

Eine kraftvolle Metapher, um die Funktionsweise geschlossener Systeme zu verstehen, ist die Hohlkugel. Sie verdeutlicht, wie solche Systeme entstehen, warum sie keinen Zugang zur äußeren Wirklichkeit haben und weshalb es so schwierig ist, sie zu durchbrechen. Stell dir vor, du befindest dich im Inneren einer gigantischen Hohlkugel, deren Wände vollständig verspiegelt sind. Überall, wohin du blickst, siehst du dein eigenes Spiegelbild – in unzähligen Variationen und Perspektiven. Dieses Bild ist faszinierend, doch es birgt eine tiefgreifende Wahrheit: In der Hohlkugel gibt es nichts anderes als dich selbst.

Die Wände der Hohlkugel symbolisieren die Grenzen geschlossener Systeme. Alles, was du innerhalb der Kugel wahrnimmst, ist eine

Reflexion deines eigenen Denkens und Seins. Es gibt keinen Kontakt zur Außenwelt, keine frische Perspektive, keine neuen Impulse. Die Illusion der Vielfalt entsteht durch die Vielzahl an Spiegelbildern, doch in Wirklichkeit sind sie alle nur Variationen deines eigenen Selbst. Die Isolation von der tatsächlichen Wirklichkeit ist vollkommen – du bist gefangen in einer Welt, die nur aus deinen eigenen Reflexionen besteht.

Das Leben innerhalb der Hohlkugel wird durch Mechanismen geprägt, die typisch für geschlossene Systeme sind. Jedes Spiegelbild, das du wahrnimmst, bestätigt lediglich das, was bereits im System vorhanden ist. Nichts Neues kann von außen eindringen. Diese Selbstbestätigung vermittelt den Eindruck von Vollständigkeit, obwohl in Wahrheit keine externe Korrektur möglich ist. Es gibt keinen Abgleich mit einer objektiven Wirklichkeit, keinen Maßstab außerhalb des Systems. Dadurch bleibt das System unverändert, selbst wenn seine Annahmen falsch oder unvollständig sind.

Die Hohlkugel vermittelt eine trügerische Sicherheit. Die Reflexionen wirken vertraut, stimmig und allumfassend – doch sie sind nichts weiter als Projektionen der eigenen Annahmen. Das Fehlen eines Bezugs zur Transzendenz oder zu einer objektiven Perspektive macht es unmöglich, die Grenzen des Systems zu erkennen. Alles innerhalb der Kugel erscheint logisch und wahr, doch diese Wahrheit ist lediglich eine Illusion, die durch die Spiegelungen erzeugt wird. Die tatsächliche Wirklichkeit bleibt verborgen.

Diese Metapher zeigt auch, warum es so schwer ist, geschlossene Systeme zu durchbrechen. Die Wände der Hohlkugel bieten Schutz und Orientierung. Sie zu verlassen, bedeutet, sich dem Unbekannten auszusetzen. Jenseits der Wände gibt es keine vertrauten Spiegelbilder mehr, und der Mensch muss sich seiner eigenen, ungefilterten Wahrnehmung stellen. Dieser Verlust an Sicherheit und Orientierung kann zutiefst verunsichernd sein. Oft braucht es einen äußeren Impuls – sei es eine Krise, eine unerwartete Erkenntnis oder eine radikale Infragestellung –, um die Wände der Hohlkugel zu durchbrechen und den Blick auf eine größere Wirklichkeit freizugeben.

Die Hohlkugel ist mehr als nur eine Metapher für geschlossene Systeme. Sie ist auch ein treffendes Bild für den Zustand unserer modernen Gesellschaft. Wir leben in einer Zeit, in der sich viele Strukturen – Ideologien, Medien, soziale Netzwerke – zunehmend selbstreferentiell verhalten. Sie spiegeln ihre eigenen Inhalte wider und schaffen so eine Scheinwelt, die den Kontakt zur objektiven Wirklichkeit verloren hat. Die Herausforderung unserer Zeit besteht darin, die Wände dieser Hohlkugel zu durchbrechen und einen neuen Zugang zur Wahrheit zu finden. Dies erfordert Mut, Offenheit und die Bereitschaft, alte Überzeugungen und Annahmen zu hinterfragen – ein schwieriger, aber notwendiger Schritt, um aus der Isolation der Spiegelbilder herauszutreten und die Welt in ihrer echten Tiefe zu erkennen.

Exkurs: Offene Systeme – Wege aus der Selbstreferenzialität

Im Gegensatz zu geschlossenen Systemen, die sich durch Selbstreferenzialität und Isolation auszeichnen, ermöglichen offene Systeme den Blick über ihre eigenen Grenzen hinaus. Sie bieten die Chance, Wissen und Wahrheit aus einer umfassenderen Perspektive zu erfassen – sei es durch die Anerkennung transzendenter Wirklichkeiten oder durch eine bewusste, ideologiefreie Betrachtung der Welt. Diese Offenheit stellt nicht nur eine Alternative dar, sondern einen radikalen Bruch mit der Logik geschlossener Systeme.

Ein offenes System beginnt mit der Einsicht, dass menschliche Vernunft nicht die alleinige Quelle der Erkenntnis ist. Es erkennt an, dass Wahrheit auch aus einer transzendenten Dimension stammen kann. Diese Einsicht spiegelt sich in religiösen Traditionen wider, die von Offenbarung sprechen – Momente, in denen eine höhere Macht Wissen oder Weisheit offenbart, die über das hinausgehen, was der Mensch allein durch Vernunft erfassen könnte. Ein Beispiel dafür sind die zehn Gebote, die Moses von Gott, oben auf einem Berg, auf der Halbinsel Sinai übergeben worden sind, oder die weltliche Geburt von Jesus Christus, dem in der Bibel verheißenen Messias und bis in unsere Gegenwart hinein, die Erscheinungen der Jungfrau Maria, wie sie in Lourdes oder Fatima und an vielen anderen Orten, weltweit berichtet wurden und werden. Solche Ereignisse brechen die Isolation geschlossener Systeme auf, indem sie eine direkte Verbindung zu einer Wirklichkeit herstellen, die außerhalb des menschlichen Denkens liegt. Glauben wird in diesem Kontext zu einer aktiven Haltung, einer bewussten Anerkennung dieser transzendenten Wahrheit. Er ist nicht bloß ein subjektives Gefühl, sondern eine Methode der Erkenntnis, die sich einer Quelle öffnet, die größer ist als der Mensch selbst.

Parallel zur Offenheit gegenüber der Transzendenz existiert die Möglichkeit, die Wirklichkeit auf ideologiefreie Weise zu betrachten. Diese Herangehensweise verlangt, dass man alle Vorurteile und Überzeugungen beiseitelegt und die Welt so sieht, wie sie tatsächlich ist. Es ist eine Herausforderung, die Mut und Demut erfordert, denn sie bedeutet, sich der Realität zu stellen, ohne sie durch persönliche oder kulturelle Filter zu verzerren. Ursprünglich war dies der Anspruch der Wissenschaft: eine ergebnisoffene Erforschung der Natur und ihrer Phänomene. Doch in der Praxis ist Wissenschaft oft von Interessen und Machtstrukturen beeinflusst, die sie in ideologische Rahmen zwängen. Trotzdem bleibt das Streben nach ideologiefreier Objektivität ein wertvolles Ideal. Es lädt dazu ein, die „Blase der Wahrnehmung" zu durchbrechen und die Welt in ihrer Tiefe zu begreifen.

Diese beiden Ansätze – die Anerkennung transzendenter Wahrheit und die ideologiefreie Beobachtung – sind nicht voneinander getrennt, sondern ergänzen sich. Transzendenz bietet eine Orientierung, die den Grenzen menschlicher Vernunft entwächst, während die bewusste Beobachtung der Realität eine Brücke schlägt zwischen dieser transzendenten Wahrheit und der konkreten Welt. Gemeinsam können sie ein System schaffen, das offen ist für neue Perspektiven und echte Erkenntnisse.

Doch auch offene Systeme sind nicht ohne Herausforderungen. Sie erfordern den Mut, Unsicherheiten auszuhalten und auf einfache Antworten zu verzichten. Außerdem besteht die Gefahr, dass Offenheit vorgetäuscht wird, um neue geschlossene Systeme zu schaffen. Solche Missbräuche drohen, den eigentlichen Geist der Offenheit zu untergraben.

Dennoch bieten offene Systeme eine reale Möglichkeit, die Dynamik geschlossener Systeme zu überwinden. Sie laden ein, die Wände der Hohlkugel zu durchbrechen, die unser Denken oft einschränkt, und einen Zugang zu einer umfassenderen Wirklichkeit zu finden. Es ist ein schwieriger Weg, aber auch ein Weg voller Hoffnung und Potenzial, die Grenzen der Selbstreferenzialität hinter sich zu lassen.

Exkurs: Die Relativierung der Wahrheit in geschlossenen Systemen

Eine der schockierendsten Konsequenzen geschlossener Systeme ist ihre aktive Relativierung und Ablehnung von Wahrheit. Eine Aussage von Katherine Maher, der ehemaligen CEO der Wikimedia Foundation und heutigen Präsidentin von National Public Radio (NPR), illustriert dies eindrücklich. Sie brachte die Problematik auf den Punkt, als sie erklärte, dass die Suche nach Wahrheit kein produktiver Ansatz sei. Diese Haltung ist nicht nur ein Symptom für die Dynamik geschlossener Systeme, sondern auch ein beunruhigendes Beispiel für die Erosion von Wahrheit in unserer Zeit.

Maher äußerte sich über Wikipedia (*), eine der bedeutendsten Plattformen für die Verbreitung von Wissen. In ihrer Darstellung betonte sie, dass Wikipedia-Autoren nicht darauf abzielen, die absolute Wahrheit zu finden, sondern vielmehr „das Beste, was wir jetzt kennen". Doch sie ging noch weiter: Ihrer Ansicht nach sei die Fixierung auf Wahrheit sogar hinderlich, da sie die Suche nach

Konsens und produktiven Ergebnissen erschwere. Diese Haltung stellt die traditionellen Werte von Wissen und Erkenntnis auf den Kopf. Wahrheit, die einst als Ziel und Maßstab galt, wird plötzlich zum Hindernis erklärt – ein radikaler Bruch mit jahrhundertealten Prinzipien.

Was sagt diese Haltung über geschlossene Systeme aus? Sie zeigt, wie diese Systeme ihre eigene Dynamik entwickeln, die Wahrheit nicht nur relativiert, sondern aktiv verdrängt. In geschlossenen Systemen wird Pragmatismus über Prinzipien gestellt. Statt Wahrheit wird das als wertvoll erachtet, was kurzfristig „funktioniert". Diese pragmatische Einstellung scheint auf den ersten Blick vernünftig, doch sie birgt enorme Gefahren. Indem die Wahrheit als Luxus oder gar als Störfaktor betrachtet wird, gibt man auch die Verantwortung für die Konsequenzen auf. Entscheidungen werden nach ihrem unmittelbaren Nutzen bewertet, nicht danach, ob sie mit der Wirklichkeit übereinstimmen. Gleichzeitig wird die Illusion von Fortschritt aufrechterhalten, indem man suggeriert, dass pragmatische Lösungen ausreichen, um

Probleme zu bewältigen. Doch dieser Fortschritt ist trügerisch, da er auf einer Grundlage aus Beliebigkeit und Relativität steht.

Die Konsequenzen dieser Haltung sind weitreichend. Ohne einen gemeinsamen Bezug zur Wahrheit verlieren Institutionen ihre Glaubwürdigkeit. Plattformen, die Wissen vermitteln sollen, erscheinen nicht länger als vertrauenswürdig, sondern als manipulativ oder willkürlich. Gesellschaften, die von solchen Systemen geprägt sind, fragmentieren weiter. Die „Blasen" der Wahrnehmung verstärken sich, da jede Wahrheit, die außerhalb des Systems liegt, kategorisch abgelehnt wird. Dies führt nicht nur zur Verhärtung von Ideologien, sondern auch zur Erosion der Moral. Denn ohne Wahrheit gibt es keine Grundlage für verbindliche Werte oder sinnvolle Urteile – alles wird beliebig.

Katherine Mahers Aussage ist ein Symptom dieser Zeit. Sie reflektiert die Krise der Wahrheit, die tief in unserer modernen Welt verwurzelt ist. Geschlossene Systeme dominieren nicht nur Institutionen, sondern auch das Denken und die Wahrnehmung der

Menschen. Wahrheit wird nicht mehr gesucht, sondern bewusst ausgeklammert, als wäre sie ein unnötiger Ballast. Doch die Konsequenz ist ein Verlust an Orientierung, Sinn und Verbindlichkeit. Ohne Wahrheit bleibt nur die Leere des Nihilismus.

Dieser Exkurs knüpft direkt an die vorherigen Diskussionen über geschlossene Systeme und Ideologien an. Er zeigt, wie diese nicht nur Wahrheit relativieren, sondern sie aktiv ablehnen. Mahers Aussage ist ein erschreckendes Beispiel dafür, wie tief diese Dynamik bereits in das Fundament unserer Gesellschaft eingedrungen ist. Und sie verdeutlicht, wie schwierig es ist, aus diesem Gedankengefängnis auszubrechen.

(*) Katherine Maher, 08/02/2021: „Aber was ist mit den schwierigen Themen, den Bereichen, in denen wir zu Meinungsverschiedenheiten neigen, wie etwa Politik und Religion? Nun, wie sich herausstellt, funktioniert das Wikipedia-Modell dort nicht nur, sondern sogar sehr gut. Denn in unserem normalen Leben brechen diese kontroversen Gespräche in der Regel über eine Meinungsverschiedenheit darüber aus, was eigentlich die Wahrheit ist. *Aber die Leute, die diese Artikel schreiben, konzentrieren sich nicht auf die Wahrheit, sondern auf etwas anderes, nämlich das Beste von dem, was wir derzeit wissen können.* Und nach sieben Jahren der Zusammenarbeit mit diesen brillanten Leuten bin ich zu der Überzeugung gelangt, dass sie auf etwas gestoßen sind, nämlich dass es bei unseren kniffligsten Meinungsverschiedenheiten vielleicht nicht der richtige Ansatz ist, nach der Wahrheit zu suchen und andere von der Wahrheit zu überzeugen. *Tatsächlich könnte unsere Ehrfurcht vor der Wahrheit eine Ablenkung sein, die uns daran hindert, eine gemeinsame Basis zu finden und Dinge zu erledigen.* Das soll nicht heißen, dass es die Wahrheit nicht gibt oder dass die Wahrheit nicht wichtig ist. Die Suche nach der Wahrheit hat uns eindeutig dazu gebracht, großartige Dinge zu tun und großartige Dinge zu lernen."

Kapitel 4: Die Auswirkungen auf die Gegenwart

1. Kulturelle Zersetzung

Die geistige Entwicklung, die mit dem Rationalismus begann und über den Relativismus, Subjektivismus und Liberalismus zum Nihilismus führte, hat unsere moderne Welt tiefgreifend verändert. Sie hat nicht nur die Art und Weise, wie wir denken, sondern auch die kulturellen und gesellschaftlichen Grundlagen unseres Lebens erodiert. Was früher unverrückbar schien, wirkt heute fragil und brüchig. Werte sind relativiert, Identitäten zersplittert, und traditionelle Gemeinschaften wurden aufgelöst. Diese Entwicklungen prägen unsere Gegenwart auf vielfältige Weise.

Ein besonders deutliches Zeichen dieser kulturellen Zersetzung ist der Verlust gemeinsamer Werte. Moralische Prinzipien, die einst als unveränderlich galten, sind heute oft Verhandlungssache. Was früher als moralischer Kompass diente, ist zu einer Frage subjektiver Meinungen geworden. Die Relativierung der Moral hat zu einer tiefen Orientierungslosigkeit geführt – sowohl auf individueller als auch auf gesellschaftlicher Ebene. Ohne einen transzendenten Anker driftet die Moral orientierungslos dahin, oft angepasst an kurzfristige Bedürfnisse oder den Zeitgeist. Parallel dazu hat auch das Heilige seinen Platz verloren. In einer rationalistisch und materialistisch geprägten Welt wird alles auf Funktionalität und Nützlichkeit reduziert. Tiefe menschliche Erfahrungen, die früher als heilig betrachtet wurden, erscheinen heute als entzaubert und banal.

Dieser Werteverlust hat eine weitere Krise nach sich gezogen: eine Krise der Identität. Der Subjektivismus, der das Individuum ins Zentrum stellt, hat zwar das Versprechen von Freiheit und Selbstbestimmung gegeben, doch ohne eine Anbindung an transzendente Werte bleibt das Individuum isoliert und orientierungslos. Die Fragmentierung des Selbst ist eine der Folgen dieser Entwicklung. Menschen verlieren ihren inneren Halt und suchen nach Ersatzidentitäten – in Ideologien, Gruppenzugehörigkeiten oder sozialen Medien. Doch diese Ersatzidentitäten sind oft instabil und flüchtig, da sie keine tiefere

Grundlage haben. Statt Orientierung zu bieten, verstärken sie häufig die innere Leere.

Auch Familie und Gemeinschaft, einst die stabilen Pfeiler der Gesellschaft, sind von der kulturellen Zersetzung betroffen. Die Familie, die früher als gottgewollte Institution galt, wird heute oft als soziale Konstruktion betrachtet. Traditionelle Werte und Rollen innerhalb der Familie werden hinterfragt, was zu einer Destabilisierung führt. Diese Entwicklung hat auch die Gemeinschaften erfasst. In einer zunehmend individualistischen Gesellschaft zerbrechen traditionelle soziale Strukturen. Der Zusammenhalt, der auf gemeinsamen Werten und Traditionen basierte, wird durch eine flüchtige und oft oberflächliche Verbundenheit ersetzt. Das Gefühl von Gemeinschaft weicht einer Vereinzelung, die vielen Menschen das Gefühl gibt, auf sich allein gestellt zu sein.

Die Auswirkungen dieser Entwicklungen sind in nahezu allen Bereichen des modernen Lebens spürbar. In den Medien und der Unterhaltung spiegelt sich die Leere wider, die aus dem Verlust von Werten resultiert. Filme und

Musik sind oft geprägt von Zynismus, Gewalt und Beliebigkeit. Bildung, die früher sowohl Wissen als auch Werte vermitteln sollte, ist zunehmend ideologisch geprägt und verstärkt die Fragmentierung der Gesellschaft. In der Politik zeigt sich diese Entwicklung in einer zunehmenden Polarisierung. Der Verlust gemeinsamer Werte erschwert den Dialog, und Machtkämpfe ersetzen die Suche nach Konsens.

Diese kulturelle Zersetzung mag abstrakt erscheinen, doch sie hat konkrete Auswirkungen auf unser tägliches Leben. Sie betrifft jeden von uns – in der Art, wie wir uns selbst sehen, wie wir miteinander umgehen und wie wir unsere Welt gestalten. Um diese praktischen Folgen besser zu verstehen, werfen wir im folgenden Exkurs einen genaueren Blick auf ihre konkreten Erscheinungsformen. Danach wenden wir uns den Veränderungen zu, die sich in unseren Institutionen vollziehen.

Exkurs: Was die kulturelle Zersetzung für unser Leben bedeutet

Die kulturelle Zersetzung, die wir beschrieben haben, mag zunächst wie ein abstraktes Konzept erscheinen. Doch ihre Auswirkungen sind konkret und durchdringen alle Bereiche unseres Lebens. Der Werteverlust, die Identitätskrisen und die Auflösung von Gemeinschaften sind keine bloßen philosophischen Phänomene – sie prägen unseren Alltag, unsere Beziehungen und die Struktur unserer Gesellschaft auf tiefgreifende Weise.

Der Verlust gemeinsamer Werte zeigt sich besonders deutlich in unserem täglichen Handeln. Entscheidungen, die früher auf klaren Prinzipien und einem moralischen Kompass basierten, werden zunehmend von Beliebigkeit und Unsicherheit geprägt. Die Frage „Was ist richtig?" wird oft durch „Was fühlt sich für mich gut an?" ersetzt. Diese Verschiebung führt dazu, dass Entscheidungen nicht mehr auf langfristigen Werten beruhen, sondern auf kurzfristigen Bedürfnissen oder Emotionen. Auch in zwischenmenschlichen Beziehungen wird der Werteverlust spürbar. Ehen, Freundschaften und familiäre Bindungen leiden unter der Tendenz, alles als austauschbar und temporär zu betrachten. Verbindlichkeit und die Bereitschaft, Konflikte auf der Grundlage gemeinsamer Werte zu lösen, werden zunehmend ersetzt durch pragmatische Trennungen oder die Suche nach kurzfristigen Alternativen.

Die Identitätskrise, die durch den Subjektivismus hervorgerufen wird, ist für viele Menschen ein zentraler Konflikt ihres Lebens. In einer Welt ohne klare Orientierungspunkte suchen viele nach Zugehörigkeit – sei es in ideologischen Gruppen, sozialen Bewegungen oder Gemeinschaften, die Sicherheit und Identität versprechen. Doch diese Zugehörigkeiten sind oft oberflächlich und instabil, was die innere Leere nur verstärkt. Verstärkt wird diese Krise durch soziale Medien, die ein unrealistisches Ideal von Erfolg, Schönheit und Lebensglück propagieren. Der ständige Vergleich mit anderen führt dazu, dass Menschen den Bezug zu ihrer eigenen, authentischen Identität verlieren und stattdessen in einer Welt leben, die von inszenierten Bildern und unerreichbaren Standards dominiert wird.

Die Auflösung von Familie und Gemeinschaft als stabilisierende Einheiten der Gesellschaft hat ebenfalls tiefgreifende Folgen. Die Familie, einst ein Ort von Sicherheit und Geborgenheit, ist durch steigende Scheidungsraten, sinkende Geburtenzahlen und die Zunahme von Single-Haushalten geschwächt. Kinder wachsen oft in instabilen Verhältnissen auf, die ihre emotionale und soziale Entwicklung beeinträchtigen. Auch Gemeinschaften, die früher durch gemeinsame Werte und Traditionen verbunden waren, zerbrechen zunehmend. Einsamkeit wird zu einem immer größeren Problem, besonders in urbanen Räumen, wo Menschen physisch nebeneinander, aber sozial voneinander getrennt leben.

Diese Entwicklungen machen auch vor der Arbeitswelt nicht halt. Hier zeigt sich die kulturelle Zersetzung in der Art, wie Menschen behandelt werden. Mitarbeiter werden oft nur nach ihrer Produktivität bewertet und nicht mehr als Menschen mit Werten und Würde wahrgenommen. Leistung wird zum einzigen Maßstab, während Loyalität, Verantwortung oder Sinnhaftigkeit in den

Hintergrund treten. Viele Menschen erleben ihre Arbeit als sinnentleert, da sie keinen höheren Zweck verfolgt und lediglich auf kurzfristige Gewinne ausgerichtet ist. Diese Entfremdung von der Arbeit verstärkt das Gefühl, dass etwas Grundlegendes fehlt.

Besonders gravierend sind die Auswirkungen der kulturellen Zersetzung im Bildungssystem. Schulen und Universitäten, die einst nicht nur Wissen, sondern auch moralische Werte und Charakterbildung vermittelten, konzentrieren sich heute oft ausschließlich auf die Weitergabe von Faktenwissen. Gleichzeitig werden Bildungseinrichtungen zunehmend von ideologischen Strömungen beeinflusst, die bestimmte Narrative fördern und andere unterdrücken. Diese Entwicklung schränkt kritisches Denken ein und führt dazu, dass Kinder und Jugendliche ohne klaren moralischen Kompass aufwachsen.

Zusammenfassend lässt sich sagen, dass die kulturelle Zersetzung uns den Halt nimmt, den gemeinsame Werte, stabile Identitäten und funktionierende Gemeinschaften bieten könnten. Sie schafft eine Welt, in der

Unsicherheit, Beliebigkeit und Orientierungslosigkeit die Oberhand gewinnen. Jeder Einzelne spürt die Auswirkungen dieser Veränderungen – in den Entscheidungen, die er trifft, in den Beziehungen, die er führt, und in der Art und Weise, wie er die Welt versteht.

Im nächsten Abschnitt werden wir untersuchen, warum selbst traditionelle Institutionen wie Kirchen dem Einfluss des Nihilismus nicht entgehen konnten. Gibt es noch Orte, die dieser Zersetzung widerstehen können? Und wenn ja, welche Perspektiven eröffnen sie für eine Gesellschaft, die nach Orientierung sucht?

2. Das Problem der Institutionen

Traditionelle Institutionen wie Kirchen, Schulen und staatliche Autoritäten galten einst als unerschütterliche Stützen von Stabilität, Werten und transzendenter Orientierung. Doch auch sie sind nicht immun gegen die Einflüsse des Nihilismus geblieben. Der fortschreitende Prozess der kulturellen Zersetzung hat ihre Grundlagen erschüttert und sie in ihrer Fähigkeit geschwächt, der modernen Krise wirksam entgegenzustehen.

Besonders augenfällig ist dieser Wandel in den Kirchen. Einst Hüter von transzendenten Wahrheiten und moralischen Prinzipien, scheinen viele von ihnen heute ihren ursprünglichen Auftrag aus den Augen verloren zu haben. Der Druck, sich dem Zeitgeist anzupassen, hat dazu geführt, dass sie ihre Lehren relativiert haben, um gesellschaftlich relevanter zu wirken. Doch diese Anpassung hat oft ihren eigenen Anspruch auf Transzendenz untergraben. Mit der Aufgabe klarer Positionen und Prinzipien haben viele Kirchen an moralischer und spiritueller Autorität eingebüßt. Die Folge: leere Kirchenbänke und Mitglieder, die mehr Anpassung an moderne soziale und politische Strömungen fordern, anstatt nach tieferem, transzendentem Sinn zu suchen.

Bildungseinrichtungen, die traditionell Orte der Wahrheitssuche und intellektuellen Entwicklung waren, sind ebenfalls stark vom Nihilismus geprägt. Schulen und Universitäten haben zunehmend den Fokus auf ideologische Agenden gelegt, statt kritisches Denken und ergebnisoffene Wahrheitssuche zu fördern. Diese Politisierung der Bildung hat dazu geführt, dass junge Menschen oft keine kohärente moralische oder intellektuelle Grundlage mehr erhalten. Die Krise spiegelt sich auch in der Wissenschaft wider, die, statt ein Leuchtturm der Rationalität zu sein, immer häufiger von wirtschaftlichen und politischen Interessen instrumentalisiert wird. Dadurch wird Wissen verzerrt und die Realität oft zweckdienlich verbogen.

Auch der Staat, der früher auf gemeinsamen Werten und einer transzendenten Legitimation beruhte, hat mit der kulturellen Zersetzung zu kämpfen. In einer fragmentierten Gesellschaft, in der es keine klaren gemeinsamen Werte mehr gibt, wird der notwendige Konsens in Demokratien immer schwerer zu erreichen. Politische Entscheidungen orientieren sich zunehmend an kurzfristigen Interessen und populistischen Strömungen, anstatt langfristige Prinzipien zu verfolgen. Dabei verliert der Staat immer mehr den Fokus auf das Gemeinwohl und tritt oft nur noch als Verwalter individueller Interessen auf.

Das Versagen der Institutionen ist jedoch nicht allein äußeren Einflüssen geschuldet. Ihre innere Dynamik spielt eine ebenso große Rolle. Viele Institutionen haben sich selbst in geschlossene Systeme verwandelt, die lediglich ihre eigenen Prinzipien reproduzieren, ohne Bezug zur Wirklichkeit oder zu transzendenten Werten. Hinzu kommt ein eklatanter Verlust an Mut und Vision. Statt der kulturellen Zersetzung entschieden entgegenzutreten, haben sich viele Institutionen entweder dem Mainstream angepasst oder in Resignation zurückgezogen.

Die Schwächung dieser zentralen Institutionen hat die kulturelle Zersetzung weiter beschleunigt. Sie hat nicht nur die Orientierungslosigkeit der modernen Gesellschaft verstärkt, sondern auch die Hoffnung auf eine Umkehr erschwert. Doch die entscheidende Frage bleibt: Haben wir den „point of no return" bereits überschritten, oder gibt es noch eine Möglichkeit, die Wende einzuleiten? Im nächsten Abschnitt werden wir genau dieser Frage nachgehen.

3. Der Abgrund

Die Entwicklungen, die mit der kulturellen Zersetzung und dem Versagen der Institutionen einhergehen, haben uns an einen entscheidenden Punkt geführt. Es scheint, als stünden wir am Rande eines Abgrunds, oder vielleicht sind wir sogar schon gefallen. Die drängende Frage lautet: Gibt es noch Hoffnung auf Umkehr, oder haben wir den „point of no return" längst überschritten?

Zahlreiche Zeichen deuten darauf hin, dass wir uns an einem kritischen Wendepunkt befinden. Gesellschaften sind tief gespalten — politisch, kulturell, manchmal sogar in grundlegenden Fragen des Menschseins. Gemeinsamkeiten, die einst für Zusammenhalt sorgten, scheinen verschwunden. Diese Fragmentierung führt dazu, dass Dialog und Verständigung immer schwieriger werden. Hinzu kommt eine zunehmende Krise des Sinns: Immer mehr Menschen empfinden ihr Leben als leer, ziellos und ohne tiefere

Bedeutung. Einsamkeit, Depressionen und existenzielle Krisen sind zu universellen Phänomenen geworden. In einer Welt, die Orientierung vermissen lässt, eskaliert oft die Gewalt – nicht nur physisch, sondern auch verbal und emotional. Ohne gemeinsame Regeln und Werte wird der Konflikt zur Norm.

Angesichts dieser Entwicklungen stellt sich die Frage, ob wir den „point of no return" bereits überschritten haben. Vieles spricht dafür. Die Zersetzung von Werten und Strukturen schreitet immer schneller voran, und jede neue Generation scheint in einer Welt aufzuwachsen, die weniger Orientierung bietet als die vorherige. Gleichzeitig verfestigen sich geschlossene Systeme, sowohl in individuellen Denkweisen als auch in Institutionen. Wer in einem solchen System gefangen ist, hat oft nicht einmal die Vorstellungskraft, dass es Alternativen geben könnte. Das größte Problem aber ist das Fehlen von Visionen. In einer Welt, die vom Nihilismus geprägt ist, fehlt oft der Glaube an die Möglichkeit einer neuen, transzendenten Ordnung. Ohne Alternativen bleibt nur die Leere.

Und doch gibt es Hoffnung. Viele Menschen spüren instinktiv, dass die derzeitige Weltordnung unbefriedigend ist. Diese Sehnsucht nach Sinn könnte der Anfang eines Wandels sein. Es gibt kleine Gemeinschaften, Bewegungen und Einzelpersonen, die versuchen, neue Wege zu gehen – Wege, die die Verbindung zur Transzendenz wiederherstellen. Geschichte zeigt außerdem, dass große Krisen oft Wendepunkte markieren. Manchmal bedarf es eines äußeren Impulses, einer tiefgreifenden spirituellen oder kulturellen Erschütterung, um Veränderungen einzuleiten.

Die zentrale Frage bleibt jedoch: Wie können wir den Weg aus dem Abgrund finden? Die Antwort könnte in einer Rückkehr zu transzendenten Prinzipien liegen. Diese könnten die Selbstreferenzialität moderner Systeme durchbrechen und eine neue Ordnung schaffen. Doch eine solche Rückkehr erfordert Mut, Demut und die Bereitschaft, die Grundlagen des eigenen Denkens infrage zu stellen. Es ist eine Aufgabe, die viel verlangt, aber möglicherweise die einzige Hoffnung darstellt, die Zersetzung zu überwinden.

Im nächsten Kapitel werden wir uns dieser Frage widmen. Gibt es einen Weg aus der kulturellen Krise und dem Nihilismus? Und wenn ja, welche Rolle spielt die Transzendenz bei der Schaffung einer neuen, tragfähigen Ordnung?

Exkurs: Nietzsche und der Nihilismus – „Gott ist tot" und die Folgen

Friedrich Nietzsche zählt zu den scharfsinnigsten Diagnostikern der Moderne. Mit seinem berühmten Ausspruch „Gott ist tot" beschrieb er nicht nur den Verlust religiöser Gewissheiten, sondern auch den Beginn einer tiefgreifenden Krise: den Nihilismus. Diese Krise, die Nietzsche als die unvermeidliche Konsequenz des Werteverfalls verstand, hat sich seither vertieft und prägt unsere Gegenwart auf beunruhigende Weise.

Nietzsches Diagnose beginnt mit der Erkenntnis, dass der Tod Gottes weitreichende Folgen hat – nicht nur für den Glauben, sondern für die gesamte gesellschaftliche Ordnung. Ohne Gott, so Nietzsche, gibt es keine universelle Instanz mehr, die Werte und

Moral begründet. Alles, was bisher als absolut galt, wird fragwürdig. Diese Orientierungslosigkeit ist der Kern des Nihilismus:
eine Leere, die entsteht, wenn der Mensch
keinen Bezugspunkt außerhalb seiner selbst
mehr findet.

Diese Leere ist nicht nur ein historisches Phänomen, sondern zeigt sich in der Gegenwart
auf vielfältige Weise. Ein aktuelles Video, in
dem der Moderator Gert Scobel Nietzsches
Thesen diskutiert, illustriert dies eindrücklich. Scobel argumentiert, dass die Orientierungslosigkeit nicht nur unvermeidlich sei,
sondern akzeptiert werden müsse. Er fordert
dazu auf, die Sinnlosigkeit des Lebens anzuerkennen und sie als gegeben hinzunehmen.
Dies ist die radikale Konsequenz des Nihilismus: die bewusste Aufgabe der Suche nach
Wahrheit und Sinn.

Scobel warnt sogar vor Lösungen. Jede Form
von Ordnung oder Transzendenz erscheint
ihm als potenziell gefährlich oder illusorisch.
Stattdessen plädiert er dafür, die Leere zu akzeptieren. Diese Haltung erinnert an die Aussage von Katherine Maher, die in einem

anderen Zusammenhang betonte, dass die Suche nach Wahrheit hinderlich sei. Beide Positionen zeigen, wie weit die moderne Welt von der Idee einer objektiven Wahrheit entfernt ist.

Was bedeutet das für unsere Zeit? Der Nihilismus hat nicht nur die Idee von Transzendenz zerstört, sondern auch die Hoffnung auf eine Rückkehr zu festen Werten. Die bewusste Ablehnung von Lösungen, wie Scobel sie fordert, verdeutlicht, dass viele Menschen den „point of no return" bereits überschritten sehen. Es gibt keine Vorstellung davon, wie man die Leere überwinden könnte. Dieser Zustand der Hoffnungslosigkeit ist nicht nur philosophisch, sondern existenziell. Er bedeutet, dass die Menschheit sich selbst verloren hat – nicht nur ihren Bezug zur Transzendenz, sondern auch zu ihrer eigenen Identität.

Nietzsche selbst erkannte die Gefahren des Nihilismus und versuchte, eine Antwort darauf zu finden. Sein Konzept des „Übermenschen" sollte ein neuer Werteschöpfer sein, der in der Lage ist, die Leere zu überwinden.

Doch auch dieser Versuch scheiterte daran, dass er keine transzendente Grundlage hatte. Der Übermensch blieb ein theoretisches Ideal, das den Nihilismus nicht wirklich überwinden konnte.

Was können wir daraus lernen? Der Nihilismus zeigt uns, dass der Mensch allein nicht in der Lage ist, aus der Leere auszubrechen. Ohne Transzendenz bleiben alle Bemühungen, neue Werte zu schaffen, selbstreferentiell – und führen unweigerlich zurück in die Leere. Die moderne Welt hat den Bezug zur Transzendenz verloren, doch genau dieser Bezug ist notwendig, um der Krise zu entkommen. Nur durch die Anerkennung einer höheren Ordnung, die über das Individuum hinausgeht, kann der Nihilismus überwunden werden.

Dieser Exkurs verdeutlicht, wie tief der Verlust der Transzendenz in das Denken und Handeln der modernen Welt eingedrungen ist. Er zeigt, dass der Nihilismus keine abstrakte philosophische Idee ist, sondern eine konkrete Realität, die unser Leben bestimmt. Im nächsten Kapitel werden wir untersuchen, ob und wie eine Rückkehr zur Transzendenz möglich sein könnte – und welche Schritte notwendig sind, um der Orientierungslosigkeit zu entkommen.

**Kapitel 5: Die Möglichkeit eines Auswegs –
Transzendenz als Rettung aus dem Nihilismus**

1. Am Scheideweg

Die Menschheit steht an einem entscheidenden Punkt ihrer Geschichte. Nach Jahrhunderten des Rationalismus, Relativismus und der Zerstörung traditioneller Werte scheint der Nihilismus nicht nur unausweichlich, sondern allgegenwärtig. Orientierungslos treiben wir auf einem Meer der Beliebigkeit – doch muss das so bleiben? Gibt es noch einen Weg zurück, oder sogar nach vorn? Der Schlüssel könnte in der Rückbesinnung auf etwas liegen, das wir verloren haben: die Transzendenz.

Unser eigenes Leben und Bewusstsein liefern Hinweise darauf, dass sie nicht allein aus materiellen Prozessen stammen können. Diese Phänomene sind real und unübersehbar, doch zugleich bleibt ihr Ursprung ein Geheimnis. Die Wissenschaft hat es bis heute nicht geschafft, Leben oder Bewusstsein künstlich zu erzeugen. Diese Unfähigkeit legt nahe, dass beide einer Quelle entspringen, die jenseits der Materie liegt – einer lebendigen, bewussten Instanz. Leben kommt von Leben, Bewusstsein von Bewusstsein. Diese einfache, doch tiefgreifende Wahrheit weist auf einen personalen Schöpfer hin. Einen Ursprung, der Leben und Bewusstsein nicht nur ins Dasein gerufen hat, sondern sie auch fortbestehen lässt.

Der Gedanke an einen bewussten Schöpfer gibt nicht nur Antworten auf metaphysische Fragen, sondern bietet auch eine Perspektive für die Überwindung des Nihilismus. Denn wenn die moderne Welt etwas verloren hat, dann ist es die Verbindung zu etwas Größerem, zu einer transzendenten Wahrheit. Geschlossene Systeme der Selbstreferenzialität haben uns von dieser Wahrheit abgeschnitten, doch genau hier liegt der Ausweg. Die Anerkennung eines transzendenten Ursprungs durchbricht die isolierende Dynamik geschlossener Systeme und eröffnet einen Zugang zu einer umfassenderen Wirklichkeit.

Diese Transzendenz ist nicht bloß ein abstraktes Konzept, sondern kann im Leben jedes

Einzelnen erfahrbar werden. Sei es durch Glauben oder durch eine bewusste, ideologiefreie Beobachtung der Wirklichkeit – wie wir es bereits bei der Idee offener Systeme gesehen haben. Diese Offenheit ermöglicht es, wieder eine Verbindung zu den fundamentalen Prinzipien von Leben und Bewusstsein herzustellen. In dieser Verbindung liegt nicht nur die Lösung für die Orientierungslosigkeit der Moderne, sondern auch die Chance, eine neue Grundlage für Werte und Ethik zu schaffen.

Mit der Rückbesinnung auf Transzendenz kommt auch die Verantwortung, Leben und Bewusstsein weiterzugeben. Unser Dasein ist nicht nur ein Geschenk, sondern auch eine Aufgabe. In einer Welt, die oft durch die Zerstörung des Lebens geprägt ist – sei es durch Abtreibung, den Verzicht auf Fortpflanzung oder die Missachtung des Lebens selbst – wird diese Verantwortung umso deutlicher. Leben und Bewusstsein sind keine Zufälle, sondern die direkte Verbindung zur transzendenten Quelle. Sie zu schützen und weiterzugeben, ist nicht nur eine Pflicht, sondern eine Notwendigkeit.

Diese Erkenntnis bietet einen Hoffnungs-schimmer inmitten der Dunkelheit des Nihilismus. Sie zeigt, dass unser Leben eine tiefere Bedeutung hat und dass es möglich ist, einen neuen Weg zu finden. Indem wir die Verbindung zu einem personalen Schöpfer anerkennen, können wir dem Sinnverlust der modernen Welt etwas entgegensetzen und eine neue Grundlage für Verantwortung, Gemeinschaft und Ethik schaffen. Der Weg aus dem Nihilismus beginnt mit dem Mut, diese Transzendenz wieder zu suchen – und sie anzunehmen.

2. Leben und Bewusstsein – Die direkte Verbindung zur Transzendenz

Manchmal liegt die tiefste Wahrheit in den einfachsten Fragen verborgen. Was ist Leben? Was ist Bewusstsein? Diese beiden Phänomene, die uns tagtäglich begleiten, sind weit mehr als bloße biologische oder neurologische Mechanismen. Sie sind Rätsel, die uns unweigerlich über die Grenzen des Materiellen hinausführen und einen Hinweis auf eine transzendente Quelle geben.

Trotz aller wissenschaftlichen Fortschritte bleiben grundlegende Fragen unbeantwortet. Was genau macht den Unterschied zwischen toter Materie und lebendem Organismus aus? Wir können beschreiben, wie Zellen sich teilen oder wie Organe arbeiten, doch das Mysterium des Lebens selbst bleibt unerklärlich. Noch schwieriger gestaltet sich die Frage nach dem Bewusstsein. Zwar lassen sich die neuronalen Prozesse, die mit Gedanken und Gefühlen verbunden sind, beobachten, aber das subjektive Erleben – das „Ich bin" – entzieht sich jeglicher wissenschaftlichen Erklärung. Es scheint, als würde uns das Bewusstsein etwas über unsere eigene Natur verraten: Dass wir mehr sind als nur Materie.

Ein weiterer Hinweis auf diese transzendente Dimension liegt in der Art und Weise, wie Leben und Bewusstsein weitergegeben werden. Leben entsteht ausschließlich aus Leben. Noch nie hat es ein Experiment geschafft, eine lebende Zelle aus toter Materie zu erschaffen. Ebenso wird Bewusstsein nur von einem bewussten Wesen an ein anderes übertragen – sei es durch Geburt, Erziehung oder geistige Inspiration. Diese Tatsache weist auf eine fundamentale Linie der Weitergabe hin, die nicht allein auf biologischen Prozessen beruhen kann. Vielleicht ist sie ein Abbild des Schöpfungsprozesses selbst, bei dem ein bewusster Schöpfer Leben und Bewusstsein zum ersten Mal in die Welt gebracht hat.

Aus dieser Erkenntnis ergibt sich eine Verantwortung, die weit über das Individuum hinausgeht: die Weitergabe von Leben und Bewusstsein. Diese Aufgabe ist nicht nur biologisch oder gesellschaftlich bedeutsam, sondern auch spirituell. Indem wir Leben und Bewusstsein weitertragen, bewahren wir die Verbindung zur transzendenten Quelle. Jeder Akt, der diese Weitergabe verhindert, widerspricht dieser grundlegenden Aufgabe. Sei es durch bewussten Verzicht auf Nachkommenschaft, durch Ideologien, die das Leben abwerten, oder durch Handlungen, die das Bewusstsein zerstören – der Nihilismus, der solche Tendenzen fördert, steht in direktem Gegensatz zu dieser Verantwortung.

Doch wo der Nihilismus Zerstörung bringt, gibt es Hoffnung. Solange Leben und Bewusstsein existieren, bleibt auch die Verbindung zur Transzendenz lebendig. Jedes neue Leben, jedes bewusste Individuum trägt einen Funken dieser transzendenten Wahrheit in sich. Dieser Funke kann nicht ausgelöscht werden, solange die Weitergabe fortbesteht. Vielleicht liegt genau hier der Schlüssel, um die Selbstreferenzialität geschlossener Systeme zu durchbrechen. Eine bewusste Rückkehr zu dieser Verantwortung könnte nicht nur den Einzelnen, sondern auch die Gesellschaft als Ganzes transformieren.

Die Betrachtung von Leben und Bewusstsein führt uns zu einer zentralen Erkenntnis: Wir sind Teil eines größeren Zusammenhangs. Dieses Wissen könnte der erste Schritt sein, um dem Nihilismus zu entkommen und eine neue Grundlage für die Menschheit zu schaffen. Im nächsten Abschnitt werden wir untersuchen, wie eine transzendente Ordnung nicht nur die individuelle Verantwortung stärkt, sondern auch gesellschaftliche Veränderungen ermöglicht.

3. Die Rolle der Transzendenz in der gesellschaftlichen Erneuerung

Die Rückkehr zur Transzendenz könnte nicht nur den Einzelnen aus der Sinnkrise führen, sondern auch eine tiefgreifende gesellschaftliche Erneuerung einleiten. In einer Welt, die zunehmend von Fragmentierung, Orientierungslosigkeit und ideologischen Kämpfen geprägt ist, kann die Transzendenz als eine verbindende Kraft wirken, die Orientierung, Sinn und Stabilität zurückbringt.

Gesellschaften brauchen einen festen Bezugspunkt, der über die subjektiven Meinungen und wechselnden Präferenzen der Menschen hinausgeht. Eine transzendente Ordnung kann genau diesen Bezugspunkt schaffen, indem sie Werte und Prinzipien anbietet, die unabhängig von menschlicher Willkür Bestand haben. Werte wie Gerechtigkeit, Wahrheit und Nächstenliebe erhalten dadurch eine Stabilität, die in einer rein relativistischen Welt nicht möglich ist. Diese gemeinsamen Werte haben das Potenzial, eine zerrissene Gesellschaft wieder zu vereinen, indem sie eine Basis bieten, die über kulturelle, politische und soziale Grenzen hinweg trägt.

Die Folgen des Verlusts der Transzendenz sind in der modernen Gesellschaft deutlich spürbar. Institutionen wie der Staat, das Rechtssystem oder die Wissenschaft verlieren ihre Legitimität, wenn sie nicht mehr in einer übergeordneten Ordnung verankert sind. Entscheidungen erscheinen dann oft willkürlich, und das Vertrauen in diese Institutionen schwindet. Gleichzeitig entstehen ideologische Ersatzsysteme, die zwar vorgaukeln, Orientierung zu bieten, in Wahrheit aber geschlossene Systeme sind, die weder Stabilität noch echte Lösungen ermöglichen.

Religionen könnten in dieser Situation eine Schlüsselrolle spielen. Besonders das traditionelle Christentum, das eine klare transzendente Ausrichtung hat, bietet die Möglichkeit, den Nihilismus zu überwinden. Doch damit Religionen diese Rolle erfüllen können, müssen sie authentisch bleiben. Die Anpassung an den Zeitgeist, wie sie in vielen modernen Kirchen zu beobachten ist, mag kurzfristig attraktiv erscheinen, schwächt aber ihre transzendente Grundlage und macht sie letztlich irrelevant. Nur durch die Rückbesinnung auf ihre Kernprinzipien und die Verbindung zur Transzendenz können Religionen als Kraft für gesellschaftliche Erneuerung wirken.

Eine neue gesellschaftliche Ordnung, die auf Transzendenz basiert, muss jedoch mehr bieten als nur eine Rückkehr zur Religion. Sie könnte eine Integration von Spiritualität und Vernunft anstreben, die das Beste aus beiden Welten verbindet. Eine solche Ordnung würde die rationale Erforschung der Welt mit einer tiefen Ehrfurcht vor der transzendenten Quelle des Lebens verbinden. Gleichzeitig wäre sie auf die Verantwortung jedes Einzelnen angewiesen. Die Transformation der Gesellschaft beginnt mit der Transformation des Individuums – mit Menschen, die die Verbindung zur Transzendenz wiederherstellen und diese Verbindung in ihrem Alltag leben.

Trotz der Herausforderungen, die ein solcher Wandel mit sich bringt, gibt es Grund zur Hoffnung. Die Rückkehr zur Transzendenz bietet die Möglichkeit, eine neue Grundlage für Gesellschaft, Kultur und Gemeinschaft zu schaffen. Sie verlangt jedoch Mut und die Bereitschaft, alte Denkmuster zu hinterfragen und sich einer größeren Wahrheit zu öffnen.

Im abschließenden Abschnitt des Kapitels werden wir die Konsequenzen dieser Überlegungen zusammenfassen und zeigen, wie eine Rückbesinnung auf Transzendenz nicht nur eine individuelle, sondern auch eine kollektive Rettung aus dem Nihilismus ermöglichen könnte.

4. Ein neuer Anfang – Leben und Bewusstsein als Brücke zur Transzendenz

Die Rückkehr zur Transzendenz ist mehr als eine intellektuelle Übung – sie fordert eine tiefgreifende existenzielle Auseinandersetzung mit dem, was es bedeutet, Mensch zu sein. Leben und Bewusstsein sind dabei nicht bloß natürliche Gegebenheiten, sondern die lebendige Verbindung zu einer transzendenten Quelle, die den Rahmen für eine neue Ordnung schaffen kann. In ihnen liegt der Schlüssel, den Nihilismus zu überwinden und das Fundament für ein sinnerfülltes Leben zu legen.

Die Anerkennung der Transzendenz hat weitreichende Konsequenzen, die sowohl den Einzelnen als auch die Gesellschaft betreffen. Für den Einzelnen bedeutet sie die Wiederentdeckung eines inneren Kompasses, der über subjektive Meinungen und wechselhafte Stimmungen hinausweist. Dieser Kompass zeigt nicht nur den Weg zu objektiven Werten und Zielen, sondern gibt auch Halt und Orientierung in einer Welt, die oft chaotisch und sinnentleert erscheint. Auf gesellschaftlicher Ebene bietet die Transzendenz eine Grundlage, die Gemeinschaften zusammenhält, indem sie gemeinsame Werte stiftet und eine Einheit ermöglicht, die über kulturelle oder soziale Unterschiede hinausgeht.

Leben und Bewusstsein sind dabei nicht nur Geschenke, sondern Aufgaben, die Verantwortung verlangen. Die Weitergabe von Leben – sei es biologisch oder spirituell – ist ein tiefgreifender Akt, der die Schöpfung bewahrt und fortführt. Diese Verantwortung

steht im direkten Gegensatz zu den zerstöre-
rischen Tendenzen des Nihilismus, der das
Leben als bloß zufällig oder bedeutungslos
abtut. Gleichzeitig erinnert die Weitergabe
von Bewusstsein daran, dass jede Generation nicht nur von der vorherigen lernt, sondern auch die Pflicht hat, Wissen, Werte und
Spiritualität an die nächste weiterzugeben.
Dies geschieht nicht isoliert, sondern in Gemeinschaften, die durch Traditionen und kulturelle Bindungen geprägt sind.

Die Rückbesinnung auf die Transzendenz verändert auch das Verständnis von Freiheit.
Freiheit ist nicht länger eine absolute Loslösung von Bindungen, sondern die Möglichkeit, im Einklang mit der Wahrheit zu leben.
Sie bietet Orientierung und Sinn, indem sie
dem Einzelnen eine Richtung zeigt, die nicht
beliebig, sondern in der transzendenten Ordnung verankert ist. Gleichzeitig bedeutet
wahre Freiheit, Verantwortung zu überneh-
men – für das eigene Leben, für die Gemeinschaft und für die Schöpfung. Diese Verantwortung gibt der Freiheit Tiefe und verhindert, dass sie in Beliebigkeit und Selbstzer-
störung mündet.

Inmitten der Herausforderungen, die die moderne Welt prägen, bleibt dennoch Hoffnung. Solange Leben und Bewusstsein existieren, gibt es die Möglichkeit, sich der Transzendenz zuzuwenden und eine neue Grundlage für das Dasein zu schaffen. Jede bewusste Entscheidung, diese Verbindung zu suchen, kann ein Funke sein, der weitreichende Transformationen auslöst. Es ist kein Rückschritt, sondern ein Neubeginn – eine Einladung, aus der Vergangenheit zu lernen und eine neue Ära einzuleiten, die von Leben, Bewusstsein und Sinn getragen wird.

Schluss: Die Wahl zwischen Sein und Nichtsein

Die Menschheit steht an einem entscheidenden Wendepunkt. Die Entwicklungen der letzten Jahrhunderte – vom Rationalismus über den Relativismus bis hin zum Nihilismus – haben uns an den Rand des Abgrunds geführt. Diese Reise war weder zufällig noch unausweichlich; sie war Ausdruck eines kollektiven Bewusstseinswandels, der die Verbindung zur Transzendenz verloren hat.

Doch der Nihilismus, so tiefgreifend und zerstörerisch er auch erscheinen mag, ist nicht das endgültige Ziel. Inmitten der Leere, die er hinterlässt, liegt die Möglichkeit eines neuen Anfangs verborgen. Die Rückkehr zur Transzendenz, das Wiederentdecken von Leben und Bewusstsein als Brücke zu einem Schöpfer, bietet eine Alternative – nicht nur zum Nichts, sondern zum wahren Sein.

Die Verantwortung jedes Einzelnen

Die Wahl zwischen Sein und Nichtsein ist keine abstrakte Idee, sondern eine ganz persönliche Entscheidung. Jeder Einzelne trägt die Verantwortung für die Richtung, die er einschlägt. Die Entscheidung, sich der Transzendenz zuzuwenden, ist eine Wahl, die das Potenzial hat, nicht nur das eigene Leben zu verändern, sondern auch die Gesellschaft als Ganzes.

Ein kleiner Funke kann den Weg erhellen. Jeder bewusste Schritt hin zur Wahrheit und zum Leben ist ein Beitrag, der das Dunkel des Nihilismus durchbrechen kann. Doch es ist nicht nur die individuelle Wahl, die zählt. Aus solchen Entscheidungen können Gemeinschaften entstehen – Orte, die Halt geben und eine neue Grundlage für Gesellschaft und Kultur schaffen.

Eine neue Ära der Verantwortung

Die Rückkehr zur Transzendenz ist mehr als ein gedanklicher Akt. Sie verlangt Mut, Demut und die Bereitschaft, alte Überzeugungen zu hinterfragen. Sie fordert von uns, das Leben neu zu betrachten – nicht als bloße Abfolge von Ereignissen, sondern als Geschenk und Aufgabe.

Diese Rückbesinnung ist keine Flucht in die Vergangenheit, sondern ein Schritt in eine neue Zukunft. Sie eröffnet die Möglichkeit, das Leben in seiner ganzen Tiefe zu erfahren, frei von der Beliebigkeit des Nihilismus und getragen von der Erkenntnis, dass wir Teil von etwas Größerem sind.

Ein Blick nach vorne

Die Wahl zwischen Sein und Nichtsein ist die grundlegende Frage unserer Zeit. Sie ist keine Frage der Theorie, sondern der Praxis — eine Entscheidung, die jeder von uns bewusst treffen muss. Werden wir uns der Transzendenz zuwenden? Werden wir die Verbindung zu Leben und Bewusstsein als Brücke zu einer höheren Ordnung anerkennen?

Die Möglichkeit eines neuen Anfangs ist da, greifbar nah. Es liegt an uns, diese Wahl zu treffen — nicht nur für unser eigenes Leben, sondern auch für die kommenden Generationen. Der Weg ist nicht einfach, aber er ist offen. Die Frage ist nicht, ob er existiert, sondern ob wir den Mut haben, ihn zu gehen.

Epilog: Der Baum der Erkenntnis und die Illusion der Autonomie

Als Adam und Eva im Paradies vom Baum der Erkenntnis von Gut und Böse aßen, vollzogen sie eine Entscheidung von unermesslicher Tragweite. Sie wandten sich von Gott ab, der ihnen das Leben geschenkt und die Ordnung der Schöpfung offenbart hatte. Stattdessen stellten sie sich selbst an die Stelle des Schöpfers, maßten sich an, unabhängig von ihm über Gut und Böse urteilen zu können. Dieses biblische Bild steht sinnbildlich für den Ursprung jener Entwicklung, die dieses Buch analysiert: die Loslösung des Menschen von der Transzendenz und der Absolutsetzung seiner eigenen Vernunft.

Diese Entscheidung war keine bloße Episode in einer mythischen Vergangenheit, sondern ein archetypischer Moment, der die gesamte Menschheitsgeschichte durchzieht. Der Baum der Erkenntnis kann als Symbol für den menschlichen Verstand verstanden werden – ein Werkzeug von großer Macht und Tiefe, das jedoch nie dazu gedacht war, sich selbst absolut zu setzen. Der Mensch, der sich von

Gott abwendet und sich auf seine eigene Vernunft verlässt, begibt sich in ein Gedankengefängnis, das ihn von der Wirklichkeit trennt. Er mag sich frei wähnen, doch in Wahrheit wird er von den Grenzen seines eigenen Denkens beherrscht.

Die Geschichte des Westens ist ein anschauliches Zeugnis dieser Dynamik. Der Rationalismus, der in der Neuzeit aufstieg, erhob die menschliche Vernunft zum höchsten Prinzip. Die Aufklärung versprach, den Menschen aus der Unmündigkeit zu befreien, doch in Wahrheit legte sie die Grundlage für einen Relativismus, der schließlich im Nihilismus enden musste. Denn eine Vernunft, die sich von Gott und der Transzendenz ablöst, verliert ihre Verankerung. Sie wird selbstreferentiell, schließt alle höheren Prinzipien aus und verneint letztlich sogar ihre eigene Grundlage. Der Mensch erklärt sich selbst zum Maß aller Dinge – ein Akt von Hybris, der unweigerlich zur Zerstörung von Sinn und Orientierung führt.

Die Bibel offenbart uns jedoch, dass Gott diese Entwicklung von Anfang an vorausgesehen hat. Das Verbot, vom Baum der Erkenntnis zu essen, war nicht willkürlich, sondern eine Schutzmaßnahme. Gott wusste, dass der Mensch – getrennt von ihm – in einen Zustand der Orientierungslosigkeit und Isolation geraten würde. Die Vertreibung aus dem Paradies ist daher nicht nur eine Strafe, sondern auch eine Folge dieser Rebellion gegen die göttliche Ordnung. Sie ist ein Spiegel der Konsequenzen, die jede Gesellschaft erfährt, die sich von der Transzendenz lossagt.

Und dennoch endet die Geschichte der Menschheit nicht im Exil. Die Bibel erzählt auch von einem Weg der Rückkehr. Der Mensch bleibt eingeladen, sich Gott wieder zuzuwenden, seine Grenzen anzuerkennen und die Ordnung der Schöpfung zu akzeptieren. Diese Rückkehr ist jedoch nicht nur ein Akt des Glaubens, sondern auch ein Akt der Demut. Sie erfordert die Bereitschaft, die eigene Hybris zu überwinden und die Begrenztheit der menschlichen Vernunft anzuerkennen.

Der Epilog dieses Buches soll daher nicht nur eine Reflexion sein, sondern auch eine

Einladung. Die Geschichte des Westens, wie sie in den vorangegangenen Kapiteln dargelegt wurde, ist kein unvermeidliches Schicksal. Sie zeigt vielmehr, wohin die Absolutsetzung des Verstandes führt – und sie mahnt uns, die Konsequenzen dieses Weges zu bedenken. Doch sie zeigt auch, dass eine andere Zukunft möglich ist: eine Zukunft, in der der Mensch seine Verbindung zur Transzendenz wiederentdeckt und seine wahre Bestimmung erkennt.

Der Baum der Erkenntnis steht nicht nur für die Gefahr der Hybris, sondern auch für die Möglichkeit zur Umkehr. Denn inmitten der Illusion der Autonomie bleibt die Wahrheit bestehen: Der Mensch ist nicht das Maß aller Dinge. Er ist ein Geschöpf Gottes, das nur in der Gemeinschaft mit ihm seinen wahren Sinn finden kann. Die Wahl zwischen Sein und Nichtsein, zwischen Wahrheit und Illusion, liegt in unserer Hand. Es ist eine Wahl, die nicht nur für den Einzelnen, sondern für die gesamte Menschheit von entscheidender Bedeutung ist.

Weitere Texte vom gleichen Autor:

Der Gottesbeweis.
Warum ein bewusster Schöpfer die
einzige Erklärung ist.

BoD Verlag, 2024
ISBN 9 783 759 777751

Bewusstsein, Individuum, Gott
Ein offener Dialog

BoD Verlag, 2024
ISBN 9 783 769 303018

Entscheidung für den Glauben
Die willentliche Rückkehr zu Gott als Rettung
aus der Krise.

BoD Verlag, 2024
ISBN 9 783759 785060

Die Architektur des Glaubens: Weltbilder und ihre Auswirkungen
Die Rolle des Theismus und des Christentums in einer fragmentierten Welt.

BoD Verlag, 2023
ISBN 9 783757 890032

Gott ist Person!
Warum es wichtig ist, Gott als ein ewiges, unveränderliches Individuum zu begreifen.

BoD Verlag, 2019
ISBN 9 783744 820004

Das Diesseits, das Jenseits und die Kraft der Liebe
Was Sie über das Leben und das Sterben wissen müssen.

BoD Verlag, 2013
ISBN 9 783842 358577

Alle Veröffentlichungen sind als Taschenbuch und als E-Book erhältlich.